幸運の神様とつながるすごい！習慣

中井耀香

PHP研究所

「幸運の神様」から好かれるには、
どうしたらいいのでしょうか？

厳しい修行や難しい勉強が
必要なのでは……？

いえいえ、決して
そんなことはありません。

幸運の神様から愛されて
ご贔屓《ひいき》されるために
必要なことは、
誰にでも実践できる
ごく簡単なことなんです。

たとえば、

「人を褒めて笑顔にする」

「受け取るよりも、与えることに重心を置く」

「ご先祖様に手を合わせる」

などなど。

それなら私にもできそうだ――。
そう思った方も多いはずです。
でも、ちょっと待ってください！

「神様」という言葉のイメージから、
いつも機嫌よく、
ニコニコとあたたかく見守って
くれている存在……などと、
神様をあまく見てはいけません。

私たち人間が、不義理を働いて
不徳《ふとく》を積もうものなら、
一瞬で運命をひっくり返すことなど、
神様にはたやすいことなのです。

この本では、
今まで誰も教えてくれなかった
神様との付き合い方を
紹介していきます。

お金、仕事から
人間関係、恋愛・結婚まで
効果抜群の方法が満載です。

受け取る準備はできましたか？

それでは、

「幸運の神様とつながるすごい！ 習慣」をお伝えしていきましょう！

はじめに

「もしかして、私ってツイてるかも！」「最近、いいことが続いているなあ」という実感はありますか？　もしあるなら、あなたは幸運の神様とつながれているのかもしれません。

では、なぜ幸運の神様があなたを応援してくださっているのでしょう。

その答えはシンプル。**あなたの日々の習慣が、美しく清められているから**です。

幸運の神様にご贔屓《ひいき》されて運がどんどん上がっている人は、人としてあるべき姿を目指して、たんたんと努力を積み重ねています。つまり、**ふだんの行動や言葉づかいを見直すことが、運を上げるいちばんの近道だと知っている**のです。

シンプルで気持ちがいい習慣を身につけるには、特別な才能が必要なのでは……と思われるかもしれませんが、そんなことはありません。

「人に信頼されるために筋《すじ》を通す」「いいことやいい人、いい物にお金を手渡す」「自分に与えられた仕事に一生懸命に取り組む」「本当に大切にしたい人との縁を大切にする」など、できることから一つずつ始めてみればいいのです。

大切なのは、その習慣を続けること。

幸運の神様とつながる習慣は、どれも簡単なものばかりですが、ちょっとやってみておしまいというものではありません。誰も見ていない場所でもコツコツと、毎日毎日繰り返して身につけていくことに意味があります。

私たちは、ツイていないことが起きると、「運を上げなくちゃ！」「神様にご贔屓されたい！」と、つい大きなことから変えようとして、力が入ってしまいます。しかし、苦しいときこそ、小さな習慣の見直しが必要です。私は、神様に応援していただける人生を歩むために、小さなことから一つずつ行動を変えていきました。その結果、今では幸運の神様とつながっている実感があります。

この本では、私が実践している幸運習慣をすべて書きました。

継続は力なり。毎日、ちょっとでもいいから頑張って続けていけば、その行動はやがて習慣になります。そして、**習慣が美しく清められていくと、幸運の神様とつながれるようになります。**

もし、「運に見放されているかも」と感じるなら、小さなことから一つずつ、生まれ変わるつもりで習慣を変えてみてください。

幸運の神様は、生まれ変わろうと努力している人が大好きです。心を清めてよりよく生きようとする姿を、ぜひ神様にご覧いただきましょう。

中井耀香

幸運の神様とつながる すごい！習慣

✴

目次

はじめに　10

PART 1

良い縁が運ばれてくる「人づきあい」の習慣

神様にご贔屓《ひいき》されるために大切なのは「筋《すじ》を通すこと」　22
「悪縁《あくえん》」と感じたら、思い切って縁を切る　26
一人の時間を大切にすると見えてくる本当に必要な縁　30
良縁とつながる「つるみの法則」　34
愛と時間とお金を悪縁から守るには、見返りを求めない　38
受け取るよりも、与えることを喜びにする　42
相手にダメ出しするよりも、尊重することが大切　46
魂と魂が響き合う友と出会うためには　50

PART 2

右肩上がりの好循環が生まれる「お金」の習慣

「お金」は「龍神様《りゅうじんさま》のおつかい」と心得《こころえ》る　56
生命力に満ちた「生き金《いきがね》」は、福の神そのもの　60
いいこと、いい人に回るようにお金を使う　64
「死に金《しにがね》」ではなく、「生き金」になるようにお金を使う　68
大金を受け取るために、自分の「器」を大きくする方法　72
龍神様が、ご褒美をあげたくなる人になる　76
あなたの心が満たされる金額はいくら?　80
お金に愛される「美しい魂」とは　84

PART 3

生きがい、働きがいが実感できる「仕事」の習慣

目の前の人が笑ってくれるように、全力で働く 90
「使命」は向こう側から自然にやってくる 94
無欲に貢献する人に、ライトワークが授けられる 98
自分の力が活かせるならば、とことんまで働いてみる 102
最大の喜びは、「誰かに求められること」 106
「自立」がこの世に生まれてきた全員に共通する使命 110
働いた倍以上の価値が返ってくる働き方 114
「自分の使命」は、外に探しに行っても見つからない 118

PART 4

本物の幸せが続く「恋愛・結婚」の習慣

神様に応援される恋愛と結婚とは 124
運命の人に巡り合うためには、行動が必要 128
周りに「紹介したい」と思われる人になる 132
次につながる上手な恋の終わらせ方 136
「悪縁」の恋愛は、痛くても苦しくても切るしかない 140
いつまでも良好な関係が続く極意《ごくい》 144
パートナーを損得で選ぶと、大損する 148
後悔しない恋愛・結婚の選択とは？ 152

PART 5

価値観の根っこを清める「家族」の習慣

親から伝えられてしまった「負の価値観」を手放そう　158
魂に刻まれた葛藤《かっとう》を浄化できるのは、あなたしかいない　162
正しいと思い込まされている「価値観」から自由になる　166
親子関係の呪縛から解き放たれる方法「内観《ないかん》」　170
親の介護や看取《みと》りで直面する苦しみと向き合う　174
子どもがまっすぐ育つ「いい親」の条件　178
遠津御《とおつみ》祖神《おやのかみ》にお守りいただくには？　182
あなたの承認欲求を満たせるのは、あなただけ　186

PART 6

天と地の神様とつながる「内在神」の習慣

自分の内側に眠る「内在神《ないざいしん》」を磨くには？ 192
陰には陰の、陽には陽の幸せがある 196
身を引き裂かれるような不幸に遭ってしまったら 200
「幸せ」は感じる能力に支えられている 204
不運を好転させる「言霊《ことだま》の力」 208
御霊を磨いた先に現れる「注意しなければならないこと」 212
心の支えが欲しくなったときこそ、地に足をつけて生きる 216
「道がつく生き方」を追究し、過程を楽しむのが人生の喜び 220

〈初出〉本書は、『PHPスペシャル』（2017年2月号〜12月号）にて連載された「神様にご贔屓されるすごい習慣」をもとに、再編集したものです。

〈装丁〉一瀬錠二（Art of NOISE）

〈編集協力〉小笠原綾（『PHPスペシャル』編集部）

PART 1

良い縁が運ばれてくる「人づきあい」の習慣

神様にご贔屓《ひいき》されるために大切なのは「筋《すじ》を通すこと」

私は古《こ》神道《しんとう》数《すう》秘《ひ》術《じゅつ》家《か》として、日本古来の神道の考えに基づき、運を開く方法や邪《じゃ》を祓《はら》う方法を学んできました。その中でも、最も尊敬する神道家の師匠に厳しく教えられてきたのは、「人づきあいの筋を間違えてはいけない」ということでした。

縁結びの神様がもっとも嫌うのは、人の縁を盗む「人泥棒」です。例えば、あなたの知り合いのAさんから、Aさんの友人のBさんを紹介されたとします。あなたとBさんは話が盛り上がり、気づけばAさんが知らないところで直接やりとりをするような間柄となっていました。しかし、これこそ筋違いの始まり！

逐一《ちくいち》Aさんを経由してBさんとの約束を取り付けたり、Bさんと仲良くするなというわけではありません。問題なのは、Bさんとの関係の発展をAさんに報告していないこと。**「AさんのおかげでBさんと仲良くさせてもらっています。ありがとうございます」とAさんに感謝を伝えるのが、筋を通すということ**なのです。

筋を通さないと起こってしまう負《ふ》の循環

筋を通さなかったうえに、紹介してもらった人との間に金銭関係がからんでくると最悪です。Aさんの知らないところで、あなたがBさんとお金の貸し借りをしたり、物の売り買いをして得《とく》をしたとしましょう。そこでは多少の利益が得られるかもしれません。しかしそのあとになって、あなたがAさんから人脈を奪《うば》い、Bさんから利益を奪ったように、利益を奪い合うような別の人間関係にからめとられ、Bさんから稼《かせ》いだ利益以上のものを失うことになります。

そして、人泥棒という不徳《ふとく》な行ないに厳しい目を向ける縁結びの神様から見放され、一気に運気が下がります。さらには、「奪おう」「盗もう」「自分だけ得をしよう」

と、あなたの利益を邪《よこしま》に奪おうとする人があなたの周りにどんどん集まってきます。

「運」という字は、訓読《くんよ》みで「はこぶ」と読みます。人泥棒の話からもわかるように、不運も幸運も、運んでくるのは人です。直接神様が幸運を運んでくださるのではなく、人が神様のおつかいとなって運んでくるのです。

そして、筋を間違えず、縁をつないでくれた人への感謝を忘れない人の行ないを、縁結びの神様はちゃんと見ています。「あなたに紹介したい人がいるの！」と言ってくれる人が現れたら、それは神様のおつかい。神様の代わりに〝良縁《りょうえん》〟というご褒美《ほうび》を持ってきてくれていているのです。

もし、幸運にもあなたが良縁に恵まれたら、**「私はどうやったら他の人の役に立てるだろうか」「私はどんな縁を人に手渡せるだろうか」と考えて、行動を起こしましょう。**あなたから人へと良縁を運ぶのです！　神様は何を言うのかではなく、何をするのかを見ています。

神様も納得するような縁結びを人に手渡していけば、あなたに必要な人との良縁を、いつもベストタイミングで用意してくださるはずです。

筋違いの人に出会ったら、結界《けっかい》を張るつもりでバッサリと

ひとたびあなたが筋を通すようになって、人との縁を大切にするようになると、筋違いをしている人が見えてきます。あなたのもとに、「あれもちょうだい、これもちょうだい」と近寄ってくる人が現れたら要注意。与えた以上のものをしつこく求めてくるような人は、自分の領域に足を踏み込ませないようにブロックしてください。**筋を通せないのなら、その人との縁はそれまで。縁を切るのは悪いことではないので、結界を張るつもりでバッサリ切りましょう。**

いい人に囲まれて、素敵な人とつながりたいと願うなら、他人に振り回されず、自分が大切にしたい人たちとの筋を通すまで。このスタンスを守っていけば、良縁は自然とつながっていくので何の心配もいりません。縁結びの神様に愛され、良縁を運び、運ばれる人になるために、筋を通していってくださいね。

まとめ　筋を通して、良縁を運び・運ばれる人になろう。

「悪縁《あくえん》」と感じたら、思い切って縁を切る

人にはあらゆる縁が無数につながっています。良縁もたくさんつながっていますが、悪縁とも同じくらいつながっています。そして、どの縁を引き当て、どの縁に割《さ》く時間を増やすかで、運命はゴロゴロと変化していきます。

人の人脈を盗まず、義理堅《ぎりがた》く筋を通していくと、良縁に恵まれるようになるのですが、良縁を見極《みきわ》められるようになると、つきあう相手によって体調の変化に波があることに気づき始めます。幸運を与え合うような関係だと体は軽くなるのですが、「この人といると、どうも調子が狂うな」というときは体が重くなるのです。**人と会った**

翌朝、気だるくて目覚めが悪くなった経験はありませんか？　それは、「この人とつきあうのをやめようよ」と体が心に語りかけているからです。

私は、古神道の数秘術や、風水《ふうすい》から導き出した独自の開運方法をご相談者様にお伝えしています。みなさんは、運を良くしようと前向きな人ばかりなのですが、なかには批評・批判や羨望《せんぼう》の念をぶつけてくる人もいます。強烈な念を受けると、体が一気に重くなります。一晩では疲れが取れず、数日経《た》ってもだるさが続くこともあるのですが、私はこの違和感こそ大切にしています。

なぜなら、最も怖いのは、人づきあいの違和感や疲労感に鈍感《どんかん》になってしまうことだからです。「この人と一緒にいたくない」と叫びをあげる体を無視し続けて突然倒れるよりも、悲鳴を受け止めてちゃんと労《いた》わりたい。**体は違和感という形で注意を喚起して、悪縁から遠ざけようとしてくれている**のですから。

「悪縁」は切ったほうがいい

もし、**一緒にいてとにかく疲れるような相手なら、その人との縁はためらわずに切**

ってください。そして、「この人と一緒にいると楽しい」と感じる人とだけつきあうようにします。自分の心と体に素直に従ってください。日本人は人との縁を尊《たっと》ぶので、縁を切るのをためらいがちです。しかし、ずたずたに傷ついている心を無視してまでつながろうとする人づきあいは、はたして本当に必要でしょうか。

生きている人は全員、ご先祖様が代々命をつないでくださったおかげで今を生きています。**数々の奇跡《きせき》が連なって生まれた今世《こんせ》での時間を、我慢してくだらない人と過ごすために使うなんて、命を無駄にしているようなもの**です。なくした時間は一億円を積《つ》んでも取り戻すことはできません。だから私は、苦手な人とずるずるつきあって苦しんでいる人には、「今すぐ縁を切ってください」と伝えています。女子会から帰ってきたら体が沈んで起き上がれなくなったり、会話をしている最中に突然眠くなったりするのなら、無理してその人たちとつきあわなくていいのです。**大切な自分を守るために、縁を切ってください。**

特に要注意なのは、いつもイライラしている人と、汚くて不潔《ふけつ》な人、見るからに不《ふ》穏《おん》な空気をまとっている人です。神様は清浄《せいじょう》な空間に宿《やど》るので、感情の揺《ゆ》れが激しくて心が荒れている人や、相手に不快感を与えるような身なりをしている人が大嫌いです。そもそも、そんな人とはつきあいたくありませんよね。

「人との縁を切ってもいいのかな……」という罪悪感は思い切って手放してください。神様は良縁を本気で願う覚悟を見ています。

私は常々、**どんなに人から嫌われてもいいけれど、神様から疎《うと》まれるような不徳《ふとく》だけは絶対に積まないと心に誓っています。** たくさんのご先祖様が幾重《いくえ》にも命をつないで授《さず》かった自分の命。一秒たりとも無駄には消費できません。それに神様は、人から享受《きょうじゅ》した幸運を、また別の人に手渡して好循環を生み出す人をご贔屓します。いつまでも不快な人間関係を断ち切らず、愚痴《ぐち》や悪口、文句を言っている不届《ふとど》き者《もの》には見向きもしないのです。

一緒にいるとやる気が出て、時間が経つのも忘れてしまうような人とだけつきあいましょう。人づきあいは主体的に選択していいのです。

まとめ　無理・無駄・不毛な悪縁は、思い切って断ち切る。

一人の時間を大切にすると見えてくる本当に必要な縁

男女関係も、友人関係も、仕事関係も、家族関係さえも、つきあうのが苦しいならば縁を切ればいいのです。無理して一緒にいる必要はありません。

それでも縁を切れないのは、「みんなに嫌われたくない」「一人になるのが怖い」というエゴがあるからです。**本当に人から愛される人には、「人から好《す》かれたい」というエゴがありません。**そして、**孤独を恐れません。精神的にも経済的にも自立しているので、自分の選んだ道を悠々《ゆうゆう》と歩んでいます。**そして、心に余裕のある姿に引き寄せられるように、良縁や幸運が自然と集まってくるのです。

自立した人は、人づきあいの時間配分が秀逸《しゅういつ》です。他者との関係に費《つい》やす時間が50パーセント、自分との対話に費やす時間が50パーセントと、バランス感覚に優《すぐ》れています。多くの人は、相手を優先して自分を後回しにしがちです。しかし自立した人は、自分との対話の時間を確保し、自らの清濁《せいだく》を併《あわ》せ呑《の》んで静観《せいかん》したうえで、自分を肯定しています。他者との心地よい人づきあいを結ぶには、自己肯定感の安定は必要不可欠だと、本能的にわかっているのです。

一生で一人の〝心友《しんゆう》〟に出会えたら

自分との対話には静かな寂しさと孤独があります。しかし、**孤独を苦にせず、むしろ一対一の自分との対話の時間を愛せるようになると、本当に必要な縁が見極められるようになります。**

「私がもう一回結婚式をするとしたら、誰が来てくれるかな?」とつぶやくと、周りの人たちはみんな、「行くよ」と言ってくれます。しかし、誤解を恐れずに言うと、私はみんなのことを友だちだと思っていません。みんなのことが嫌いというわけではありません。ただ、「本当の親友」という感覚がないのです。

新しい友、昔からの友、親しい友、たまに会う友など、友だちにもたくさんのレベルがあります。しかし、魂と魂がつながった〝心友〟は、一生に一人出会えるかどうか。もしかしたら死ぬ直前に出会えるかもしれないし、出会えないまま一生が終わっても不思議ではありません。私は、50年かかってやっと一人だけ心友と出会いました。その人とは魂でつながっている感覚があるので、二人の間には一切の損得勘定がなく、お互いに無償《むしょう》で奉仕《ほうし》したくなります。そう、損得ではなく、魂がつなげてくれるのが、本物の縁なのです。

もし、本当の心友に出会いたいと願うなら、その日まで孤独を友に生きることです。一生に一人だけでも心友に出会えたら、「いい人生だったかも」と死ぬ直前に思えるはず。そのためにも、嫌《いや》な人とはバッサリ縁を切り、本当に大切にしたい人を見極めましょう。

結界を張るつもりで悪縁をバッサリ切り、対話を深めて自分を認め、他者も認められるようになると、愚痴が思い浮かばなくなります。そして、人づきあいの清濁を中和できるようになります。たとえ人から完膚《かんぷ》なきまでに批判されても、逆に過分《かぶん》に褒《ほ》めちぎられても、「あら、そう」と流せるようになるのです。そうなると、相手の言動を冷静に観察できるようになります。さらに、人との適度な距離が保《たも》てるようになるので、結界の中にずかずかと土足で入り込んでくるような人には、「私はあなたと関係を持ちたくない」と、ピシャリと断れます。

自分との対話のためにも、不毛な人づきあいに割く時間は削《けず》ってください。 人と一緒にいて苦しいのなら、孤独でいる勇気を持ちましょう。**孤独を楽しめる人には、同じように自立した人との縁を、神様がご用意くださいます。**

周りを見渡せば、友だちや知り合いがたくさんいるでしょう。しかし、そのうち何人と深くつながっていますか？　人との縁は無数につながっています。自分にとって必要な縁を見極めて、大切に育てていきましょう。

まとめ

孤独を愛せるようになると、同じように自立した人との縁がやってくる。

良縁とつながる「つるみの法則」

この世は寸善尺魔《すんぜんしゃくま》。良いことは少なく、悪いことはたくさん起こります。これは自然の摂理。人づきあいにも当てはまります。

「私はこんなにやったのに、あの人は何もしてくれなかった」という被害者意識の強い人がいます。人からしてもらったことを棚に上げて、自分がしてあげたことばかりを主張する残念な人たちです。断言しますが、**被害者意識の強い人は、良い人づきあいができません。**

「あんなことを言われた」「こんなことをされた」「何もしてもらえなかった」という

被害者意識が強いと、人づきあいの災難が多発します。そして、不運に好かれるようになり、人を介して困難な出来事ばかりが降りかかります。

ある女性から、「旦那《だんな》が女を作って出て行ったので、子どもと二人になった。頑張って働いていたのにリストラまでされて最悪だ」とのご相談を受けました。確かに悲惨な状況です。しかし彼女は、その原因をすべて人のせいにします。旦那のせいで、浮気相手さえいなければ、子どもが言うことを聞かない、経営者が悪い……愚痴は止まりません。「うわ〜ん、いい子いい子して」と駄々《だだ》っ子のようです。

✴自分の人生には、自分で責任を持ちましょう

被害ばかりを主張する人は、神様の目には「被害に遭《あ》うのが好きな人」として映《うつ》ります。彼女のように、「かわいそうな私を慰《なぐさ》めて」と泣きついてくる人がいたら、「一生被害者ぶってれば？　神様は慈悲深《じひぶか》いから、あなたは被害を受けるのが好きなんだと思って、もっともっと大きな被害を用意してくれるよ」と私はキッパリ伝えています。夫が悪い、子どもが悪い、あいつが悪いと言っているけれど、そんな人生を選ん

だのは自分です。被害を受けるのが嫌なら、他人を加害者に仕立てたり、グチグチ言うのをやめるしかありません。

誰に何を言われようと、自分の人生は自分で責任を持って生きること。人のせいにして自分だけが傷ついたように見せるのは、誰かを加害者に仕立て上げるという暴力です。**人に振り回されている暇《ひま》があるなら、「どうやったら理想的な人づきあいができるようになるか」に焦点《しょうてん》を当ててください。**そうしないと、いつまでたっても悪縁の泥沼から足を抜け出せません。

人生は、死ぬ間際《まぎわ》まで何が幸いするかわかりません。受け止め方を変えれば、人づきあいの最悪な経験さえも、心を強く育てる糧《かて》に変えることができます。不運の訪れを、幸運へ移行するための転機と捉えるか、泥沼にはまったままグチグチ言って過ごすのか、決断するのは自分です。

本当はこんな人と友だちになりたいのに、現実は全然違う人とつきあっていてつらいなら、理想的な人づきあいができそうな場所に、自分から積極的にアプローチして飛び込まなければ、何も始まりません。

一緒にいる人を変えると人づきあいは一変します。これを「つるみの法則」と言います。**目の前の「つるみ」が自分にとって居心地が良くないなら、「この人たちとは、今は一緒にいなくていいや」という感覚でつるみを変えます。**今は必要なくても、ご縁があればまたどこかでつながればいいし、それきり会うことがなければ、それまでの人たちだったということです。

「この人とは合わないな」という違和感があったり、なんとなく心が喜ばなかったり、会うと体が重くなったりするなら、そのサインを無視しないこと。疲れているのに無理してつきあっていると、「誰と一緒にいたら楽しいと思えるのか」という感覚も鈍《にぶ》くなってしまいます。

好きでも嫌いでもない相手と、ずるずると何年もつきあっているなんて言語道断《ごんごどうだん》。「あの人と一緒にいたい」と思ったら、今のつるみから離れてください。そして、今すぐ「つるみ」を変えましょう。

まとめ　窮屈な「つるみ」は捨てて、理想の「つるみ」に移行しよう。

愛と時間とお金を悪縁から守るには、見返りを求めない

いい人に囲まれて生きていきたいなら、筋を通すまで。筋を通していれば次々と良縁がつながっていくので、不安がなくなります。

良縁だけで人とつながっていくと、不思議なことに人生に目標がいらなくなります。なぜなら、神様の計らいによって、必要な人や物事との出会いが絶好のタイミングで用意されるようになるからです。そうなると、「この年齢までにこうなっていたい」などの目標がいらなくなります。**進むべき道を歩めるよう、神様がちゃんと段取りをしてくださるからです。**

しかし、筋を通さないと道に迷います。それなのに、道理に反して不義理な行ないを無自覚にしてしまうと、愛と時間とお金を人に奪われるようになります。

愛と時間とお金はつながっている

愛と時間とお金の三つは、密接に関連しています。人の人脈を奪おうとする人は、人の愛情を独占し、時間もお金もかすめ取ろうとします。

私は、ブログやSNSを通じて開運情報を配信しているのですが、個人的な質問を矢継ぎ早に送ってくる人が稀《まれ》にいます。「私のラッキーカラーは何ですか?」「ラッキーナンバーは何ですか?」「婚期はいつですか?」など、まるで友人に相談するかのように、大量のメッセージを気軽に飛ばしてきます。

私には、その質問を読む義理も、返信する義理もありませんし、ご先祖様から受け継いだ私の貴重な時間を、無礼な人から不当に奪われるわけにはいきません。どうしてその方に私の時間を盗む権利があるのでしょう。「あなたの質問には一切お答えしません」とハッキリ伝えると、「私は先生の大ファンで、本も雑誌も全部買っているのにひどい!」「先生が勧《すす》めることを全部やっているのに、ファンサービスしないなんてがっかりだ」と激高《げきこう》されます。**奪おう、盗もう、得をしよう。それだけしか考えていないから、不運ばかり引き当てるのに……。**

「これだけ愛情を注《そそ》いでいるんだから、何かちょうだい」と求めてばかりの人は、不幸な状況から1ミリも抜け出せません。特に、「お世話してあげたのにもらえない」「『ありがとう』と言ってもらえない」と愚痴を言いがちな人は要注意。自己顕示欲《じこけんじよく》が強い人に限って、自分が与えた以上の愛と時間とお金を相手から奪おうとします。しかし、自分が望んで人に与えているならば、本来はそこで完結するはずです。どうしてそれ以上を求めるのでしょう。見返りを求めようとする邪な気持ちがどこから生まれてきたのか、一度真剣に問答すべきです。

自分から人に与えられないのなら、また、与えたとしても見返りを求めるのなら、愛も時間もお金も手にする権利など一切ありません。身に覚えがある人は今すぐやめましょう。卑《いや》しい行為を一つするたびに、運気は急降下していきます。

また、「欲《ほ》しい、欲しい」と貪欲《どんよく》な人が周囲にいるなら、躊躇《ちゅうちょ》なくブロックしてください。SNSなどを介せば簡単につながりやすい時代だからこそ、自分の意志でブロックして、結界を張らなければなりません。

ある成功者の方と食事をしたときのことです。頼んだメニューと違うものが運ばれてきたのですが、「神様が『今日はこれを食べなさい』とおっしゃっているんだな」と笑顔で食事を楽しんでいました。それればかりか、「余裕がないから店も汚くて繁盛しないし、失敗もするんだろう」とつぶやいて、会計時に「これで店内をきれいにしてね」と心付けを渡していました。同じことはできなくても、余裕のある心構えは見習いたいものですよね。

もし愛と時間とお金を奪われても、反撃はいけません。反撃してしまうと、奪い合いの負の循環に入ってしまいます。相手に非を見つけても、「余裕がなかったのかな」と流してあげると、神様に「よしよし」と認められ、別の機会に正当な愛と時間とお金を授けていただけます。

まとめ　自分が与えた以上を、人から得ようとしない。

受け取るよりも、与えることを喜びにする

人づきあいの災難に見舞われる機会がほとんどなく、次々と良縁に恵まれるような徳の高い人たちと接していて、気づいたことがあります。**良縁に恵まれる人たちは、見返りを求めない**のです。損得で人を見ないと言い換えてもいいでしょう。中庸《ちゅうよう》に立って柔軟に人づきあいをしています。

見返りを求めずに相手に善行《ぜんこう》を施すことを、「菩薩行《ぼさつぎょう》」と言います。右肩上がりの幸運スパイラルに乗って上昇している人たちは、人に幸運を手渡すことに無上の喜びを感じています。人から賞賛されようと打算的に行動したり、人の手柄を横取りして

甘い汁《しる》を吸おうとする邪心《じゃしん》がありません。**受け取るよりも与えることに重心を置いているのです。**では、与えることが好きだからといって、横取りを狙ったハイエナのような人の餌食《えじき》になるのかと思いきや、そんなことはなく、周囲には同じような徳の高い人たちが集まっています。

「菩薩行」は幸運の循環を作り出す

「中井さん、素敵な人たちばかりが集まる食事会があるから、参加してみない？」と信頼している人からのお誘いを受けて、ある食事会に参加したことがあります。参加者のみなさんは心清らかで気持ちのいい方ばかり。なかでも際立っていたのが、主催者の方でした。

その方は、菩薩行にためらいがありません。「中井さん、この方をご紹介するね」と惜《お》しみなく良縁を結ぼうとしますし、「もし中井さんが新しく勉強会を開催するときには、ぜひお手伝いをさせてね」と持っている力を分け与えようとしてくださいます。私はだんだんと、「何かお返しせずにはいられない！」「素敵な方をご紹介していただいたから、私も、お役立ていただけるような情報や人脈をお渡ししたい」という気持ちになっていきました。恩に報《むく》いたくなったのです。運はこうして人から人へと運ばれていくのです。

周りから一目《いちもく》置かれ、自然と引き立てられる人たちに、「なぜそんなに成功しているのですか？」と尋《たず》ねると、「私が幸せに生きているのは、周りの人のおかげです。私の力ではありません」とみなさん謙虚《けんきょ》におっしゃいます。そして、人からもらった幸運を、次に自分は誰に回せるだろうか、どうやったら人のお役に立てるだろうかと真剣に考えています。**生かされていることに感謝し、自分にできることを真剣に行なっていると、周りは敏感にその菩薩行を察知します。そして、お願いしなくてもどんどん幸運を分け与えてくださるようになる**のです。

では、無作為《むさくい》にどんどん菩薩行を施せばいいのかというと、下準備が必要です。まずは繰り返しになりますが、**一緒にいると疲弊《ひへい》するような人とは、見切りをつけて縁を切りましょう。**人づきあいの掃除《そうじ》と整理整頓をして、土壌を清めるのが先決です。悪縁に足止めされている暇はありません。

悪縁を切ってからが菩薩行の始まり。人づきあいが清められると、本当に恩を返すべき人がはっきりしてきます。**なかでも最優先してほしいのは、自分の人生を変えるほどの大運を授けてくださった方です。**一生をかけて恩を返す心構えを持ちましょう。ならうべきは「御恩《ごおん》と奉公《ほうこう》」の考えです。武士たちは、主人への御恩を忘れずに生きていましたね。大運や良縁、幸運を授けてくださった方は主人のようなもの。義理堅く主人への筋を通し、恩を返そうと奔走《ほんそう》する姿を神様は必ず見ています。無心で菩薩行をしていれば、「よしよし。人づきあいの勘所《かんどころ》がわかっているな。ご褒美をあげよう」という目を向けてくださるはずです。

目先の利益にとらわれないでください。良縁の貯金がゼロでも、悪縁という甘い儲《もう》け話には乗らずに、ぐっと我慢します。すると、良縁の貯金が増えていきます。魂の声を素直に聞いて、本当に大切にしたい人に、恩を返していきましょう。

まとめ

目先に惑《まど》わされず、義理を通し、筋を通し、魂の声に耳を澄《す》まそう。

相手にダメ出しするよりも、尊重することが大切

人は生まれるとき、ご先祖様が善行を積んで増やしてくださった徳を持って生まれてきます。言うなればそれは徳貯金のようなもので、今世を生きる人の縁結びに大きく影響しています。

お金と同じで、使ってばかりだと徳貯金は目減《めべ》りして、やがて尽きてしまいます。

ある段階までは順調に進めても、急に運気が下降したり、悪縁を引き当てて運命がガラリと変わってしまうのは、徳貯金を食い潰《つぶ》してばかりで、積んでいないからです。

これまで多くの方のご相談に乗ってきて、徳を食い潰してきた人と積んできた人と

で、50歳を境にして明暗が分かれるということに気づきました。悪縁を断ち切らず、菩薩行もせずにいると、50歳で徳貯金が底をついてガクッと運気が落ち、「私の人生、どうしてこうなっちゃったの?」「どうして嫌な人ばかりが集まるの?」という不運に見舞われるようになるのです。

不運は、徳貯金が切れてしまったからかもしれない

年齢にかかわらず、人づきあいの不運が続いているようなら、「徳が切れたかも……」と疑ってください。そして、**人に尽くす生き方に乗り換えましょう。**

ある人が私に、「中井さんは、人を励《はげ》ます生き方をしているよね」と言ってくださったことがありました。「もし私が神様のお役に立てるようなことがあれば、何でもいたします」という思いでただ必死に生きてきただけなのに? と驚きましたが、「そうならば……」と単純な私は、「大丈夫だよ」「あなたにもできるよ」「頑張る姿を神様は見ているよ」「やってごらんよ」と、意識して人を励ますようになりました。すると、誰かに背中を押してほしい人がたくさんいることに気づいたのです。それか

らは、一歩踏み出せない人を見つけるたびに励まし続けています。

知っている人から認められたり褒められたりするのもうれしいものですが、知らない人から突然褒められるほうが、気分が高揚《こうよう》してやる気が出ませんか？　褒められようと意図《いと》せず、ただ夢中になって物事に取り組んでいる姿を誰かが見ていてくれて、さらに褒められたりしたら、飛び上がるほどうれしいですよね。

✴知らない人を褒めることで、徳を積んでみたら――

私は、一定期間集中して、知らない人を褒め続けたことがあります。そして、1回褒めたらプラス1ポイント、人の悪口を言ったり聞いたりしたらマイナス1ポイントとして、ノートに記録しました。すると、30、300、3000と、ポイントが3の数字にたどり着いたときに、奇跡が起こるようになったのです。

知らない人を褒めるには勇気がいりますよね。しかし、これが大きな徳積《とくづ》みになるのです。「こんなに丁寧に紅茶を入れてくださる方は初めて」とカフェの店員さんを褒めたり、初めてお会いした人に、「そのブローチ、素敵ですね」「笑顔が素敵ですね」と話しかけてみてください。褒められた相手は、知らない人から褒められただけで、1日中いい気分でいられるはず。**1日10人を1週間続けるだけで、徳はどんどん積み上がり、小さな奇跡が起こるはず**です。

励ます、癒《い》やす、慰めるにはお金も物も必要ありません。見知らぬ誰かがブログやSNSで「すごく落ち込んでいる」と書いていたら、「私もそういうときがあったよ。でも大丈夫だよ」と一言書き込むだけでいいのです。それで人の苦しみを救うことができたら、大きな徳積みです。困った人に手を差し伸べず、「大丈夫？」の一言も口に出せない人に、神様は良縁を授けてはくださいません。

人にダメ出ししたり、偉そうに説教するなんて不徳なことは絶対にしないでくださいね。「人は人、自分は自分」が大前提。そのうえで相手を尊重できるようになると、良縁に恵まれ、素敵な人たちに囲まれるようになります。

まとめ　褒める、励ます、慰める。相手を思う気持ちで徳を積もう。

魂と魂が響き合う友と出会うためには

これまでの話から、筋を通すこと、悪縁を断ち切ること、菩薩行をすること、徳を積むことなどが、人づきあいの要点であるとおわかりいただけたと思います。**人づきあいに限らず、穢《けが》れを祓って身を清め、徳を積むことは、運気を上げる大原則。神様はこの原則を守っている人をご贔屓します。**

要点を押さえて人づきあいを重ね、次々と良縁に恵まれるのは、それはそれで幸せなことですが、魂と魂がつながったソウルメイトと出会えたならば、さらなる幸せを感じるでしょう。しかし、ソウルメイトと今世で出会える人もいれば、死ぬまで出会えない人もいます。出会えるほうが稀《まれ》なので、たとえ出会えなくてもがっかりすることはありません。ただ、もし出会えたらうれしいですよね。

✦ソウルメイトは無理に探すものではない

真のソウルメイトを目の前にすると、エゴがなくなります。そして、「この人のためにできることがあれば、何でもやろう」という純粋な愛情がふつふつと湧いてくるのですが、多くの方はその感覚を味わったことがないと思います。しかし、それでいいのです。**躍起《やっき》になってソウルメイトを探すよりも、良縁を見極める審美眼《しんびがん》を磨《みが》くほうが優先**です。友だちの数が多いか少ないかで一喜一憂する必要もありません。生きていれば、親しい友人から顔見知り程度の知人まで、無数の人と知り合います。一時的に濃密な関係を続けていても、あるときからパタッと会わなくなったりします。それは自然なことですし、「この人とは今はつきあわなくていいよ」という魂からのサインです。再びどこかでご縁があればつながればいいし、**本当に必要な縁ならまたどこかで必ずつながります。**そう思って人とつながっていくと、気持ちもラクですよね。

今つながっている縁が必要かどうかを見極めるには、直感を磨くことです。つまり心と体で感知した違和感に従って判断しようということです。「この人と一緒にいるとき、体は重いかな、軽いかな」「時間が経つのは速いかな、遅いかな」「無理していないかな」「楽しめているかな」という感覚が手がかりになります。心が「楽しくない」と言い、体が「疲れる」と言うならば、無理せずその人とのつきあいを減らし、**寂しさに耐えて孤独を友とし、自立する鍛錬《たんれん》をしましょう。**

✴「どんな人とつながりたいか」をもう一度考えてみる

ありがたいことに私の誕生日には、1日に1000通くらいのメールが届きます。では、誕生日にはたくさんの知人に囲まれてパーティーをしているかというと、そんなことはなく、一人で鍋《なべ》をつついています。それを悲しんで、「寂しい、寂しい」と嘆くばかりでは、人生はそれまで。しかし私は、孤独感に振り回されることなく一人で鍋を味わいます。なぜなら、**一人でいる勇気がない人に、神様はソウルメイトとの縁を結んでくださらないと知っているから**です。

どんな人とつながると幸せを感じるのか、どんな人に憧《あこが》れているのか、どんな人になりたいと思っているのか……。自分の言葉で語ることができますか？　「誰かいい人を紹介してよ」と言う人に、「どんな人とつながりたいの？」と聞くと、口ごもる人がほとんどです。それではどこにも進めません。

ソウルメイトと出会いたい、良縁に恵まれたいと願うなら、行動あるのみ。違和感に従って良縁と悪縁を選《よ》り分け、魂を磨いて人との出会いを重ねてください。

人との出会いが増えれば増えるほど、悪縁に遭遇することも増えるでしょう。しかし、あなたはもう、悪縁を断ち切る勇気を手にしているはず。ひるむことなく進んでいきましょう。たくさんの人と出会い、良縁と悪縁を見極められるようになれば、ある日突然、ソウルメイトとの出会いが訪れるかもしれません。

まとめ

良縁と悪縁を選《よ》り分け、悪縁を断ち切ることが、ソウルメイトと出会う近道。

PART 2

右肩上がりの好循環が生まれる「お金」の習慣

「お金」は「龍神様《りゅうじんさま》のおつかい」と心得《こころえ》る

人生はお金がすべてではありませんが、人生の大事なことのすべてにお金はつながっています。例えば、おいしい料理を作るのにも、暖かい服を着るのにも、健康を維持するのにも、少なからずお金は必要です。でも、「もっと、もっと」と欲にまみれて求め続けるものではありません。

「あなたは1カ月にいくらの収入があれば幸せですか?」

この質問を「お金がない」と嘆く人に投げかけても、はっきりとした金額を答えられる人はほとんどいません。人はつい、「もっとお金が欲しい」と際限なく求めがちです。しかし、**「欲しい、欲しい」といくら手を伸ばしても、「あなたのところになんて行きたくない」とお金に嫌われてしまったら、どんなに願ってもお金は来てくれません。**

お金は龍神様のおつかいであり、意志を持っています。そう、お金は自分の意志で誰のもとに行くのかを決めているのです。

✦「誰かの役に立ちたい」と「ありがたい」という気持ち

お金に好《す》かれる人は、日々誰かの幸せを願いながら、目の前の仕事に懸命に取り組んでいます。ラクして稼《かせ》ぎたいなんて甘い考えを持っていません。成功している人たちほど、「誰かのお役に立ちたい」と汗水《あせみず》たらしてコツコツ働き、人一倍周りに気を配っているものです。そして、**稼いだお金を「こんなに頂戴《ちょうだい》することができてありがたい」と謙虚に受け取っています。**

ある知り合いの女性が、「この仕事で5000円しかもらえなかった」と文句を言っていました。5000円に感謝できない人には、3000円も5000円もやっててきてくれません。「『5000円しか』じゃなくて『5000円も』でしょ。『5000円もいただけてうれしい！』と感謝できないから、いつまでたっても金運が上がらないんだよ」と伝えると不満そうな顔をしていましたが、たとえ1円でも、手元にやってきたお金は龍神様からのご褒美《ほうび》です。お金が欲しいなら、龍神様からお金を運んでいただけるように、誠実に生きなければなりません。

お給料をいただき、「これっぽっちしかもらえないの⁉」と不平不満を言っていませんか？　**お金は噂《うわさ》好きなので、「あの人のもとに行っても大事にしてもらえないよね」なんて噂を広められたら大変！　一気にお金に嫌われてしまいます。**

龍神様のおつかいであるお金は、清浄《せいじょう》な場所を好みます。なので、あなたがどうやってお金を得ているかだけでなく、**どこで、どうやってお金を使っているのかも、龍神様はちゃんと見ています。**たとえ傍《はた》をラクにしようと志《こころざ》して懸命に働いても、お金に疎《うと》まれるような使い方をすれば、あっというまにお金は姿を消してしまいます。

本当のお金持ちは身《み》の丈《たけ》をよくわかっていて、必要なときにだけお金を使います。他人を羨《うらや》ましがったり、ラクをして儲《もう》けようとしたり、一攫千金《いっかくせんきん》を狙ったりせず、

「あったら使う、なかったら使わない」と心得ています。そして、お金を払って物を買うときにも、サービスを受け取るときにも、「このお金で何人の方のお給料に貢献《こうけん》できるだろうか」とワクワクしながら使っています。

私は、**神社のお賽銭箱《さいせんばこ》にはお札《さつ》を入れる**ようにしています。なぜだと思いますか？

神様に喜んでいただくため？ いいえ、違います。いくら神社とはいえ、清浄な場所でなければ神様は宿《やど》りません。では、その清浄な空間は誰が作り出していますか？

そう、神社にお勤《つと》めする人たちです。**働く人たちに快くお勤めをしていただくために、お給料の一端を私が担《にな》わせていただいているという気持ちで、お賽銭を入れているのです。**

そうやって、お金の入り口と出口を清め、お金を回す道筋《みちすじ》を決めていく判断力と審《しん》美眼《びがん》を磨《みが》いていくことが、金運アップにつながります。

まとめ

お金の入り口と出口を清めて、龍神様に愛される使い方を心掛けよう。

生命力に満ちた「生《い》き金《がね》」は、福の神そのもの

人づきあいをテーマにしたPART1で、愛と時間とお金は関連しているとお話ししましたが、この三つのうち一つでも欠けてしまうと、心は荒《すさ》んでいきます。なかでもお金は、物理的にも数値的にも増減が目につきやすいので、目減《めべ》りしてばかりだとハラハラして言葉通り首が回らなくなるものです。

かつて私も苦しんだ経験があるので、「お金がない」「もっとお金があればいいのに」「お給料が少ない」「お金に困っている」というご相談を受けると、手に取るように苦しみがわかります。しかし、「お金がない」と口にするのは、「お金に嫌われてい

る」と公言しているようなもの。なぜなら、**魂が宿っているお金は、自分の意志で誰のお財布《さいふ》に飛び込むかを決めているから**です。お金が入ってこないのは、「あの人のお財布には行きたくない」とお金に嫌われている証拠。人間関係でも、自分を嫌っている人とは距離を取りたくなりますよね。お金も一緒。「お金なんて嫌い」と言っているような人には近づこうとしません。

お金に愛されている人は、お金と相思相愛《そうしそうあい》なので、「私はお金が大好き」と堂々と言葉にします。さらに、お財布はいつも美しいですし、金運を上げる開運術も積極的に取り入れて、篤《あつ》い信仰心を持って神社参りをしていたりします。「お金の話をするのははしたない」という実体のない価値観にも惑わされません。

真のお金持ちは、一獲千金を狙わない

自ら起業して事業は順風満帆《じゅんぷうまんぱん》。夫は家事にも積極的で、お子さんも名門校に進学して家庭円満。そんなお金持ちの女性がいました。

その女性の家は、隅《すみ》から隅まで掃除が行き届いています。キッチンにもリビングに

も、洗面所や寝室にも、物がほとんど出ていません。ガラステーブルには指紋一つありませんし、使っているはずなのにふきんは純白のまま。私は常々、「神様は清浄な場所に宿る」と言っていますが、まさに彼女の家は、神様が居を構えるのにふさわしく清らかな神社のようです。

そんな彼女が守っているお金の第一義は、**「一攫千金を狙わない」**というもの。お金は、あったら使うし、なかったら使わない。欲しい物があっても、余裕がなければ買わない。とてもシンプルですが、これぞお金を司《つかさど》る龍神様にご贔屓される人の考えなのです！

自分では購入しませんが、おつきあいのある経営者の方から宝くじをいただく機会が稀《まれ》にあります。それが毎回当たるのです！　しかし、**このお金は私の働きによるものではなく、人を媒介して龍神様が授《さず》けてくださったお金。使い方が試されます。**そこで、当たったお金は、宝くじをくださった方の会社から物を買ったりサービスを受けたりして、お返しするようにしています。なぜなら、一攫千金を狙ったり、人のお金を使ってもっと儲けようとすると、一時的な利益は得られても、のちに大損するのがお金の法則だからです。

火の車でにっちもさっちもいかないときに、宝くじやギャンブルで一攫千金を狙うのは大間違い。**お金は、「あったら使う、なかったら使わない」。そして、「ないなら働く」のが龍神様にご贔屓される鉄則**です。もし、棚からぼた餅のように大金が飛び込んできても、使う人の器《うつわ》が小さければ豚《ぶた》に真珠《しんじゅ》。何に使ったのかわからないうちにゼロになってしまうのは、目に見えています。

お金持ちの人たちは、生まれながらの強運の持ち主かもしれません。しかし、その強運に甘んずることなく、**人に喜んでもらおう、人の役に立とうと志を高くして、夢中になって働いています。**仕事に手を抜かないそんな姿を慕《した》って、聡明な人たちが集まり、質のいい物にも恵まれるのでしょう。そんな真のお金持ちのもとにこそ、生命力のある、穢《けが》れなき「生き金」という名の福の神が集まるのです。

まとめ

一攫千金を狙わず、謙虚に人のために行動すると、福の神がやってくる。

いいこと、いい人に回るようにお金を使う

お金に好かれると、自分が使った以上のお金が返ってくるようになります。

では、どうしてお金がいっぱい返ってくるのかというと、**使い道を誤らず、無駄遣いもせず、いいこと、いい人、いい物だけにお金を回しているから**です。

私はお金を支払うときに、「このお金で何人の方に喜んでいただけるだろうか」と考えて、できるだけたくさんのお金を支払うようにしています。例えば、新幹線や特急電車ではいつもグリーン車に乗ります。贅沢《ぜいたく》をしたいわけではありません。電車を正常運行させるために働く運転手さんや車掌《しゃしょう》さん、駅員さんや運行管理の方などに、

十分なお金が行き渡るのを願っているからです。車にガソリンを入れるときも、セルフではなく有人のスタンドを選ぶのは、自分が支払ったお金で一人でも多くの人の懐《ふところ》が潤《うるお》ってほしいからです。

物を買う、サービスを受けるというより、**人の働きに報いるためにお金を回すのが、支払うときのルール。**このとき、手元から一時的にお金がなくなるのを惜《お》しんで、ケチケチするのはご法度《はっと》です。「あれ？　もしかしてこの人はお金の使い方が下《へ》手《た》なのかも」と、使う人の心がお金に伝わってしまうからです。

お賽銭は感謝を伝える最高のチャンス

「人の働きに敬意を払って、気持ちよくお金を手渡していこう」と私が決意したきっかけとなったのは、ある神社の神主《かんぬし》さんとの出会いでした。

金運上昇で有名なその神社の神主さんによると、初詣《はつもうで》には10万人の参拝者が訪れるといいます。神主さんに、「中井さん、初詣のお賽銭はいくらになると思いますか？」と聞かれ、「10万人も訪れるなら数百万円は集まるのかな」と考えて答えると、１０

0万円には遠く及ばないとの返答に、驚いてしまいました。なかには1円さえ入れない人もいるというのです！　不徳《ふとく》な方が多いことに愕然《がくぜん》としました。

10万人の参拝者を誘導するためには、警備の人をたくさん雇《やと》う必要があります。駐車場を確保して、お守りを販売する人まで雇ったら大赤字。少額のお賽銭では、神社の経営が揺《ゆ》らいでしまいます。

「龍神様のご利益《りやく》にあやかりたい」「金運を上昇させたい」と神社にお参りするのはかまいません。しかし、お賽銭をいったいいくら入れていますか？　その金額で神社を維持する一端を担えていると思いますか？

今、日本中で小さな神社が崩《くず》れかけています。維持する人やお金が足りないからです。朽《く》ちた神社では、神様の力が弱まってしまいます。お賽銭は神様にお渡しするものではなく、神様にお喜びいただく空間を日々整えてくださっている宮司《ぐうじ》さんや、神社で働く方々のためにお渡しするもの。荒れ放題の神社にどんなにお参りをしても、ご利益にはあやかれません。

よく神社に行く人ほど、気前よくお賽銭を入れてください。私は書籍を発刊するたびにご祈禱《きとう》を受けますし、毎月一日と十五日にはご縁を感じている神社に参拝し、お賽銭箱にお札を入れて感謝の気持ちを伝えています。**「神様に快適にお過ごしいただきたい」「神社で働く方々に気持ちよく働いていていただきたい」と人の幸せを祈り、人の働きに敬意を払って、気持ちよくお金を支払いたいもの**です。

ご褒美は忘れた頃に

人にお金を手渡すとき、無愛想《ぶあいそう》に投げ渡したり、ケチケチしたりすると、龍神様の「横着《おうちゃく》ものリスト」に名前が記載され、金運が下降します。また、たとえその場では気持ちよく支払ったとしても、「これだけ払ったんだから、たくさん返してもらわないと」と見返りを求めてしまっては、積んだ徳を打ち捨てるようなものです。**気持ちよく支払ったら忘れる。自分がした善行《ぜんこう》さえもさっぱり忘れる。**そうすると、忘れた頃に龍神様からご褒美をいただけるのです。

まとめ　いいこと、いい人、いい物に、惜しみなくお金を使う。

「死《し》に金《がね》」ではなく、「生き金」になるようにお金を使う

金運上昇を願う人には、「持っているすべての小銭を、巳《み》の日に水でじゃぶじゃぶ洗って、天日干《てんぴぼ》しするといいですよ」という開運術をお伝えしています。**巳の日は金運上昇の吉日なので、労《ねぎら》いと感謝の意を込めて小銭をきれいに洗うといい**のです。では、なぜ小銭を洗うかというと、小銭の疲れを取るためです。

小銭は人から人へと手渡され、長旅の中継地点として自分の手元にやってきます。旅の間には災難にも遭《あ》ったでしょうし、お金を邪険《じゃけん》に扱う穢《けが》れた人の手に渡ったこともあったでしょう。人がお風呂に入れば疲れが取れるように、お金も洗ってあげると

さっぱりします。そして、**ボロボロに疲れ果てた体を洗ってもらった恩を感じて、小銭が金運を引き寄せてくれるようになる**のです。

手元にたどり着いた小銭を丁寧に洗って、再び世の中にお返しすることを繰り返していると、きれいにしてほしくてお金がどんどんやってきます。きれいにしてもらった小銭が、「あの人のもとに行くと、きれいにしてもらえるよ！」と別の小銭やお札に噂を広げてくれるからです。また、中も外も掃除が行き届き、きれいに整理整頓されているお財布にやってきたお札も、「この人のお財布は快適だから、ぜひ来るといいよ」と友だちを連れてきてくれます。**丁重におもてなしをすればするほどいい噂が広まり、お金がお金を連れてきてくれるようになる**のです。

行く先でお金が「どんな扱いを受けるか」を想像する

一方、噂好きなお金たちは、自分の身を守るために、「あの人の手元には行かないほうがいいよ」という悪い噂も広めます。

私は日々、お金は生き物であると信じて、いいところにお金を回そうと心がけています。なぜなら、どこにお金を回すかで、お金の運命が決まってしまうからです。だからこそ、うっかり「死に金」を使ってしまったときには、「しまった！」と夜も眠れなくなるほど後悔します。特に後悔するのは、人の善意を利用して儲けようとしたり、いつも愚痴や不平不満を言っていたり、お金を雑《ざつ》に扱ったりと、不徳ばかり積んでいる人にうっかりお金を回してしまったときです。「行った先で、どんな思いをして過ごしているだろうか……」と手元から旅立って行ったお金のことを考えると、苦しくなって頭を抱《かか》えてしまうほどです。

手元から離れたお金が、行った先で不当な扱いをされてしまっては、お金が喜ばないどころか、「使い方が悪い」と、使った本人の悪評が広められてしまいます。行く先でどんな扱いを受けるかまで見越して、お金を使いたいものです。**「この人ならお金をうまく活《い》かしてくれそう」と思えるなら回す。そうでないなら回さない。**この感覚を高めていきましょう。

大金をぶらさげた甘い儲け話があっても、惑《まど》わされてはなりません。お金の入り口も出口も清める覚悟を持ってください。**死に金ではなく、生き金を回す**のです。それでもうっかり死に金を使ってしまったら、お金の使い方を顧《かえり》みるいい機会だったと捉《とら》えます。お金は、いい人からいい人の手元へと旅したいと願っています。誘惑に乗らず、お金の望みを叶《かな》え続けていけば、やがて右肩上がりの金運の波に乗れるようになります。固い意志を持ちましょう。

不幸の責任をお金に押し付けるような人に、お金は絶対に近寄りません。お金を活かせる人かどうかは、生き様で決まります。四方八方からお金が飛び込んでくる人は、人の倍以上の心を尽くして働き、周りに気を配ります。大人数で会話をしているときに、つまらなそうにしている人がいれば、こまやかな心配りをするし、知らないことがあれば、「勉強不足でお恥ずかしいのですが、教えていただけますか？」と尋ねる謙虚な姿勢があります。その懐の広さと、損得に執着しない姿を尊敬して、「お金さん、どうぞあの方の手元に行ってください」と周りがお金を差し出します。つまり、**お金は生きる姿勢を問うている**のです。

まとめ　運命をゆだねられたつもりで、お金の行先を決める。

大金を受け取るために、自分の「器」を大きくする方法

宝くじで1000万円が当たったら、どうしますか？

「お金が欲しい」と騒ぐ人に、「ずいぶんお金を欲しがっているけれど、どうしてそんなにお金が欲しいの？　何か入《い》り用《よう》があるの？」と尋ねてみても、**「いや、なんとなく……」と口ごもる人がほとんど**です。漠然《ばくぜん》とお金を欲しがるばかりで、どんない場所に回して、誰を喜ばせて、どんな人生を歩んでいきたいかが明確でなければ、お金を授《さず》けようにもどれだけ渡せばいいものか、また、お金を授ける信用のある人なのか、龍神様も決めかねてしまいます。

たとえ宝くじで1000万円が当たっても、1000万円が当選者にとって見たこともないような大金で浮足立《うきあしだ》ってしまうなら、せっかくの大金も不幸への引き金になりかねません。不思議なもので、上手にお金を回せない人が突然大金を手にすると、「家の普請《ふしん》をしませんか？」「車を買いませんか？」などとお金を出させようとする人たちが近寄ってくるようになります。ふわふわと地に足がつかず、判断力が乏《とぼ》しくなっている姿が狙われるのです。そして残念なことに、「これだけあるし、少しぐらい使っても大丈夫だろう」と流されるままにお金を使いがちです。

神輿《みこし》に乗せられたように気前よくお金を使っていると、一時的な快楽と昂揚感《こうようかん》は得られます。しかし、気づけばあっというまにお財布は空《から》っぽ。蜃気楼《しんきろう》のようなあぶく銭《ぜに》は、あっというまに消えてしまいます。

その幸せは、お金がなければ実現できないことかを考えてみる

人としての器が小さければ、いくら大金が舞い込んできても、お金はぽろぽろとこぼれてしまいます。高額な宝くじが当たった人が不幸になりがちなのは、大金に見合

う器の大きさがないからです。人によって額は異なりますが、**結局人は、自分が平常心で扱える額のお金しか、上手に回すことができない**のでしょう。

もっとお金が欲しいなら、宝くじやギャンブルであぶく銭を儲けようとする前に、自分の身の丈を知ることです。自分が持っているお金を冷静に数え直してみてください。今のお金で幸せに暮らすことはできませんか？　お金がないから不安が消えないと思い込んでいるのなら、お金以外に悩みを解決する方法が本当にないのか、もう一度考え直すことはできませんか？

医療行為を受けるのにも、大切な人を窮地《きゅうち》から救うのにも、愛する人に会いに行くのにも、お金は必要です。人生の大切なもののほとんどに、お金は直結しています。確かにお金は大切です。しかし、**お金が人生のすべてではない**のです。

今の生活を見直してみても、それでもやっぱりお金が欲しいと言うならば、自分の器を広げるしかありません。**器を広げるためには、お金への小さな心配りを地道に積み上げていく**まで。

私が尊敬するある投資家の方は、計《はか》り知れないほどの巨額なお金を動かしているのですが、必ず守っているお金の決まりごとがあるそうです。それは、**過分《かぶん》な利益を狙わない**こと。早く、多く、ラクにお金を増やそうとすると、目先の欲に目がくらんで、ものの価値が正しく見られなくなると言うのです。お金には人を幸せにする力もありますが、人の心を翻弄《ほんろう》する魔力《まりょく》もあり、暗闇《くらやみ》に飲み込まれるとあっというまに足元をすくわれるということをご存じなのでしょう。

肝心《かんじん》なのは、どさっとお金が入っても、**「これはたまたま龍神様が授けてくださったご褒美だから、大切に使おう」と謙虚になって、1円1円の使い道を真剣に決めていくこと**です。そして、お金を増やしたいと思うなら、たとえ1円でもコツコツと積み上げていくこと。手にした1円を価値あるものに回して2円にする。2円に増えたら使い道を真剣に考える。ものの真価を推《お》し量《はか》り、お金が喜ぶように回し続けていけば、龍神様も真摯《しんし》な姿勢を信頼して、3円のところを4円、4円のところを6円と、少しずつご褒美を増やしてくださることでしょう。

まとめ　コツコツと地道に、1円ずつ積み上げていく。

龍神様が、ご褒美をあげたくなる人になる

ある女性のご相談を聞いていたときのことです。

「中井先生、聞いてください！　この前、知人からお願いされて仕事を手伝ったんです。拘束《こうそく》時間も長くて、手間のかかる作業だったのに、謝礼が少なかったんですよ！　あまりに少額なんで、『え？　これだけ？』ってうっかり口に出しちゃいそうでした。私、頑張って働いたのに、ひどいと思いませんか？」

時間も体力も費《つい》やした割にはお給料が少ないのは、往々《おうおう》にして起こることです。しかし、**たとえ1円でも、転がり込んで来たら福の神の来訪。**本来なら拝むように両手

で受け取るものです。神様への彼女の無礼な態度を見過ごしにはできないので、私はすかさず答えました。

「1円だって福の神なのに、邪険《じゃけん》にしたらお金に嫌われるよ。それにあなたは、いただいたお金の分だけ十分に働いたと自信を持って言える？　ラクして儲けようと思ったり、仕事に身を入れず、気もそぞろで働いたりしていない？　手を抜いたりしなかった？　仕事ぶりを聞いていると、私ならあなたに一銭も払いたくないよ。それをちゃんとお給料をくださったんだから、奇特《きとく》な雇い主じゃない」と。

邪険にすると、お金は寄り付かなくなる

その女性は私の言葉に腹《はら》を立てていましたが、**お金だって喜んで受け入れられなければやる気が失せてしまいます。**どんなに少額でも、「わあい、こんなにいただいちゃった！　ありがたいな。うれしいな」と満面の笑顔で受け入れてもらえたら、「え？　そんなに喜んでもらえるの？　だったらもっと友だちを連れて行こうかな」とお金も乗り気になってくれます。

反対に、お金をいただいても文句を言っているようだと、「せっかくやって来たのにそんな言いぐさをされるなら、別の人のところへ行くからいいよ。もうこの人のところには二度と来ないぞ」とお金が怒ってしまいます。そしてひそひそと悪い噂話を始めるのです。

「あの人って、そんなふうにお金を受け取るの？」

「ひどいよね。せっかく行ったのに邪険にされちゃった」

「私、次にあの人のお財布に行く予定なんだけど、気が滅入《めい》るな」

「じゃあ、違う人のところに行きなよ。この前行った人のところでは、小銭も1万円札も、同じくらい大切に扱ってくれたよ」

「え、そんな人がいるのならぜひ教えて！　私もその人のもとに行きたい」

人を見る目が鋭いお金たちの力を見くびると、痛い目に遭ってしまいます。

お金を受け取るときは、**たとえ1円でも拝むようにありがたく受け取りましょう。**

そして、金種ごとに収め方を変えます。

まず私がおすすめしているのは、お札と小銭を別々のお財布に入れること。なぜなら、小銭は種類を問わず小銭同士でじゃらじゃらと集まるのが好きですし、お札も、一万円札、五千円札、千円札と、お札ごとに仲間で集まるが好きだからです。もしできるなら、長財布の中を三つに仕切って、一万円札、五千円札、千円札を分けて収めるといいでしょう。

「お金は1円でも福の神なので、どんなに少額でも、龍神様からのご褒美だと感謝して、快く受け取りましょう」と何度もお伝えしてきましたが、実は一万円札だけは別格。他のお札と交ぜたり、レシートやポイントカードと重ねたりせず、一万円札だけの特別で快適な環境作りに努めましょう。そして、お給料をいただいたり、銀行からお金を引き出したりして一万円札がお財布にやってくる機会があれば、「お帰りなさいませ。お待ちしておりました」と快くお出迎えします。

繰り返しになりますが、お金は生き物であり、龍神様のおつかい。**邪念のない素直な愛情を表現する人を目がけて、飛んでくるもの**なのです。

まとめ　喜びと感謝を存分に表現して、お金を受け取る。

あなたの心が満たされる金額はいくら?

田畑を耕してお米や野菜を作り、鶏を育てて卵を食べ、肉や魚をちょっとだけ買う。服も、一張羅《いっちょうら》があればあとは何を着ても大丈夫。会社で出世するより、家族との時間を大切にしたい――お金以外の幸せを見つけるのが上手な人がいます。

収入が多いほど、物やサービスを気兼《きが》ねなく得られるのは事実です。神様がご用意くださる楽しみも、人より存分に味わえるでしょう。しかし、低収入の人が高収入の人より心が貧しいかというと、そんなことはありません。お金がなくても、心を満たす感度を高めて幸せに生きている人はたくさんいます。

お金があればあるほど心が満たされた気になりますが、芯の部分ではどうでしょう。お金に関する多くのご相談を受けてきて、「お金が欲しい」という欲望の裏側には、不安があるのではないかと気がつきました。不安によってぽっかり空《あ》いた心の穴を、お金で埋めようとしているのではないか、と。きっと、**自分がいくらあれば満足するのか、明確な金額がわかっていない**のでしょう。

多くの場合、お金がない不安は、将来への不安につながっているようです。しかし、明日、いや、次の瞬間も生きている保証など、どこにあるでしょう。神様は慈悲《じひ》深《ぶか》くもありますが、あっというまに命を奪い去ってしまう厳しさもあります。そんな神様の手のひらで生きているのだから、1日、10日、1年、10年先も、生きている確信など誰も持てないはずです。

✴不安になるのは、自分の運命を信じていないから

お金や将来についていくら心配したところで、不安は消えません。それでも不安に苛《さいな》まれるのは、**不安になるのがクセになっているから**です。

「将来が不安だって言うけれど、過去にお金に困った経験があるの？」

「いや、ありません」

「今、家の冷蔵庫の中には何も入ってないの？」

「いや、いっぱい入っています」

「電気やガス、水道が止められているの？」

「いや、大丈夫です」

それならなぜ、「今後もお金に困らずに生きていけるだろう」「神様に守っていただけるだろう」と、自分の運命を信じることができないのでしょう。**人づきあいの筋《すじ》を通し、落ち込んでいる人がいたら励《はげ》まし、小銭やお札を大切に扱い、「いつもありがとうございます」と神様への感謝を忘れず、心身の穢《けが》れを祓《はら》って、徳を積む生き方をしていれば、神様だって悪いようにはしないはず**です。

もし、お金を欲しがる理由が不安から生まれているのなら、何がきっかけで不安の種が魂に植え付けられてしまったのか、過去を振り返ってみてください。

ある男性は、新婚の頃に奥さんが、「あと2万円あればなぁ」と繰り返しため息をついていた姿が脳裏《のうり》に焼き付き、それがお金への不安に転換したと気づきました。ある女性は、「うちにはお金がない」という母親の口ぐせを幼少期に浴《あ》び続けていたのがきっかけだったと気づきました。しかし、実際には二人とも、これまで一度もお金に困窮《こんきゅう》した経験がありません。その事実を客観視できた瞬間、二人とも憑《つ》き物が落ちたようなすっきりとした顔になりました。

お金がなくて不安なら、不安が生まれた瞬間に立ち戻ってみることです。何がきっかけで、いつから心が騒ぐようになったのか。契機《けいき》がわかれば不必要な価値観は捨てられます。そうすれば、「お金がなくても大丈夫。自分はどんな状況でも幸せに生きていける」という自信が、少しずつ生まれてくるはずです。

古神道家《こしんとうか》の師匠は、常々私に教えてくださいました。**「いくらあれば満足するか、先に決めろ。自分で決めれば、必ずその通りになるから」**と。

あなたはいくらあれば幸せですか？

まとめ　**自分の心が満たされる額は、自分で決める。**

お金に愛される「美しい魂」とは

☑お金はあったら使う、なかったら使わない。
☑一攫千金を狙わず、収入も蓄えも、1円ずつ地道に積み上げていく。
☑入ってきたすべてのお金は龍神様からのご褒美と思って、謹《つつし》んでいただく。
☑小銭もお札も、命あるものとして丁重に扱う。
☑いい人、いいこと、いい物にお金を回して、死に金は使わない。
☑たとえ高額な報酬《ほうしゅう》を提示されても、人を貶《おとし》めるような仕事は受けない。

このすべてを実践している人は周りにいますか？　それはどんな人でしょう？　き

っと、魂に穢れがなく、心身は清められ、我欲《がよく》を捨てて菩薩行《ぼさつぎょう》に励み、徳の高い人だと思います。本物のお金持ちほど、「お金が次々と舞い込んでくるので、いったいいくら収入があるのか把握《はあく》できない」というくらい、四方八方からお金が飛び込んできています。

✦魂のレベルが上がると寄ってくる、邪悪な勢力

これまでの話から、**お金と相思相愛になりたいと願うなら、魂を磨くのがいちばんの近道**であると、勘がいい人ならすでにお気づきでしょう。素直で謙虚な人ほど、ふだんの自分を顧《かえり》みて軌道修正《きどうしゅうせい》をするのが早いもの。早速反省して言動をあらため始めた人もいると思います。龍神様はその姿をちゃんと見ています。そして、ご褒美を授ける準備をしてくださっているはずです。

ご褒美をいただけるというのは、魂が磨かれてきた証拠でもあるので、美しい魂に吸い寄せられるように、いいことが次々に起こります。しかし、**魂のレベルが上がればが上がるほど、邪悪な勢力も近寄ってきますので注意**してください。

邪悪な勢力とはつまり、お金目当てですり寄ってくる人たちのこと。自分で蒔《ま》いた種の尻拭いを、お金持ちにたかって解決しようとする人たちです。穢れに穢れて魂がくすんでいる人ほど、いい人の仮面をかぶり、甘い言葉をささやきながら近寄ってきます。

あるお金持ちの女性のもとに、一人の若い男性がやってきました。社会貢献だ、人助けだとうそぶいて、「新規事業を立ち上げるからお金を貸してほしい」と言うのです。しかし、口達者《くちたつしゃ》に立派な理想を掲《かか》げる割には、何一つ行動を起こしていないのは一目瞭然。生き金を回していくことが金運上昇の波に乗る秘訣だと心得ている彼女は、死に金を使うわけにはいかないと、ぴしゃりと言い放ったそうです。「あなたは、その事業を立ち上げるために、どれだけ行動しているの？　汗水《あせみず》たらしてどれだけの努力をしてきたの？」と。あざとさを見抜かれた男性は、彼女からお金を奪うのは無理と見て、尻尾《しっぽ》を巻いて逃げて行ったそうです。

龍神様からのご褒美を、お金目当てで近寄ってくる人にみすみす手渡してはなりません。**「お金貸して」「こういういい儲け話があるんだけど」**などの御託《ごたく》を並べて近寄

ってくる人は、もちろんブロック！　それは自分を守るためでもありますし、福の神であるお金を守ることにもつながります。

お金は、龍神様が下す今の自分への評価。評価を上げるには時間がかかりますが、失うのは一瞬です。たとえざくざくとお金が入ってくるようになって、懐も心も潤ったとしても、「私は魂のレベルが高いし、お金に愛されているから大丈夫」などとあぐらをかいていてはいけません。**魂は、一度磨けば一生磨かなくてもいいというものではなく、穢れては祓う、穢れては祓う……と常に磨き続けるもの**です。大掃除をした部屋だって、日々の掃除を怠《おこた》ればあっというまにホコリだらけになって元通りですよね。

人生はお金がすべてではないけれど、人生の大切なこととすべてにお金は直結しています。ご先祖様が命をつないでここにある自分の魂をピカピカに磨き、お金への真摯な姿勢を貫き通す人にだけ、龍神様は微笑《ほほえ》んでくださいます。

まとめ　**魂の罪穢れを祓い続け、生き金を回し続ける。**

PART 3

生きがい、働きがいが実感できる「仕事」の習慣

目の前の人が笑ってくれるように、全力で働く

日本の八百万《やおよろず》の神様たちは大変な働き者です。男女問わず全員に仕事があり、どの神様も最大限の力を尽くして働いていらっしゃいます。そんな働き者の神様たちに褒《ほ》めていただけるような働き方をするのは、並大抵のことではありません。

しかし、**ひとたび神様たちに「合格」のお墨付《すみつ》きをいただき、「その仕事を続けなさいね」と応援してもらえるような働き方ができるようになると、導かれるように運命が拓《ひら》いていきます。**

よく、「私にはもっと他に、神様に与えられたお役目があるのではないか」「本当は

世の中に影響を与えるような大いなる使命があるんじゃないか」と勘違いしている人がいます。しかし、そんなに立派な使命を持って生まれてきているのなら、とっくにその役割についているはずです。

そもそも神様は、自分の仕事に集中せずに、他を探してあたりをキョロキョロするような人が大嫌い。そして、自立をしていない人には目を向けてもくれません。では、仕事に厳しいそんな神様たちに合格をいただけるような働き方をするには、どうすればいいのでしょう？

✴働き方には三つの段階がある

仕事は大きく三段階に分かれています。**一つ目はライスワークで、衣食住のために稼《かせ》ぎを得る仕事。二つ目はライフワークで、一生を通してやり続ける使命。そして三つ目がライトワーク。ライトとは光のことで、神様から与えられたお役目という意味**です。

この三段階を、ライスワークから順番に満たしていくのが、働き方の大前提です。

毎日のごはんを食べるためのライスワークをせずして、ライフワークやライトワークへと導かれることは絶対にありえません。それなのに、「私の使命はここではない別の場所にあるはず！」「眠っている能力を呼び覚まして、大事業を立ち上げなくちゃ！」などと迷いを起こしてライスワークを放り出し、自分の置かれている場所から足を踏《ふ》み外《はず》すような人は言語道断《ごんごどうだん》！

よそ見をせず、自分のライスワークに100パーセントのエネルギーを注ぐことが、仕事の第一歩です。人の目を気にせず、自分の仕事に誇りをもって全力で働く姿が神様の目にとまり、「そんなに頑張っているなら応援してあげよう」と、思ってもみない方向からご褒美をいただけるのです。

どんな仕事でも、あなたが仕事をしている限り、必ず誰かの役に立っています。だから、「お給料が少ない」「評価が低い」なんて文句を言う暇《ひま》があるのなら、**目の前にいる人のために持っている力のすべてを振り絞ってください。**出し惜《お》しみは不要です。どうやったらお客様に喜んでいただけるのか、どうやったら上司の手助けができるのか、どうやったらお店の売り上げが伸びるのか、ただそれだけを考えて、できることを一つでも多くやってください。

そして、時給1000円の仕事をしているなら、3000円分の仕事をしてみてください。私は、いただいたお金の3倍の価値を相手にお返しすることを信条に仕事をしています。

勘違いしないでいただきたいのは、相手にとって3倍の価値がある仕事をするということで、**自己満足で働かないこと。**本当に相手が満足しているときは、神様も満足しています。そうやって2倍でも3倍でも、いただいたお金以上の働きを返すことだけに集中していれば、「もうその仕事は卒業していいよ。次はこれをやってごらん」と、次なる課題を神様が授《さず》けてくださいます。そして、人から見た自分の価値（報酬やお給料）も上がり、評価がお金につながるのです。

使命は求めるものではなく、神様から与えられるもの。だからこそ、ただ純粋に、目の前の人の笑顔を求めて全力で働くことが大切なのです。

まとめ　よそ見をせずに、自分の仕事に最大限の力を尽くす。

「使命」は向こう側から自然にやってくる

人は天寿《てんじゅ》をまっとうしたら、積んだ徳も不徳《ふとく》も神様の前にずらりと並べられて、反省会をします。そして、**次に生まれ変わったときに反省内容を昇華《しょうか》するように神様と約束をして生まれてきます。**例えば、自ら命を絶《た》ってしまった人なら「最後まで生き抜きます」と約束し、子どもを育てられなかった人なら「育てきります」、仕事をしたかったのにできなかった人は、「今度は結婚せずに、一生仕事に身を捧《ささ》げます」など、神様と相談しながらざっくりと使命を決めてきます。

使命と言うと、まっとうできるかできないかギリギリの大きな夢物語や、ヒーローになって地球を防衛したり、スターになって羨望《せんぼう》の眼差《まなざ》しを浴びたり、日本で唯一の特別な仕事に就《つ》いたりすることなどを想像しがちですが、そんな大げさなものではありません。「死なずに命をまっとうします」「今回は一度くらい結婚します」「子どもを産んで育ててみます」「仕事に命を捧げます」など、**日常の一瞬一瞬を全力で生き抜くような内容がほとんど**です。

✴変化を拒《こば》み、使命を持たずに生まれてくる人もいる

なかには全体の一割ほど、「生き方を何も変えずに、もう一度同じ人生を繰り返します」と決めてくる人もいます。別の言い方をすれば、「今回の人生では、魂を磨くための気づきを得るつもりも、変化するつもりもありません」と宣言して生まれてくるということ。**神様は、自らの言動を顧《かえり》みて魂を磨き、私心《ししん》なき清浄《せいじょう》な心で徳を積みながら変化し続ける人をご贔屓《ひいき》するので、変化を拒む人は論外。**

しかし、そういう人に限って「私は変わりたいの！」と周りを巻き込みます。あまりにも語気《ごき》を荒らげて主張するので応援してみるのですが、根源的には変わるつもり

がないので、どんな助言や進言も馬の耳に念仏。さらには、他人の成長と変容も邪魔しようと巧《たく》みに画策《かくさく》するのでやっかいものです。そういう人の中には社会的に成功している人も多く、「あなたのためを思って、これだけのことをやってあげてるんだから」と親切心を押《お》し売《う》りしてくるので要注意です。もし、思い当たる人が頭に浮かんだら、自分の使命に横やりを入れさせないためにも、遠慮なく縁を切ってくださいね。

少々本題からそれましたが、規模の大小があれども、残りの9割の人たちには生まれてくる前に神様と決めてきた使命があるということです。それがライフワークです。**ライフワークとは、単なる職業としての仕事ではなく、人生の始まりから終わりまでを通してやり抜く課題のようなもの**です。

よく、「あなただけの天職《てんしょく》が見つかりますよ」「他の人にはない使命があなたにはありますよ」という煽《あお》り文句を掲げたセミナーや勉強会、書籍などを目にしますが、人《じん》知《ち》を超えた立派な使命があるならば、わざわざ探しに行かなくても、お役目は向こう岸から自動的に流れてきますし、「私の使命って何かしら……」と頭を抱えずとも、すでに使命に邁進《まいしん》し始めているはずです。

では、自分で「これをやるんだ！」と決めてきたはずなのに、いまだ闇《やみ》の中にあって見つからない使命は、どうやったら全貌《ぜんぼう》を明らかにしてくれるのでしょう。**そのヒントは、日々のライスワークにあります。**ライスとはお米のこと。つまりライスワークとは、今日明日のお腹《なか》を満たすための仕事です。

みなさん、お金を稼ぐために仕事をなさっていますよね。では、どれくらい本気でその仕事に身を捧げていますか？　目に見える結果や実績がなくても、すべての仕事は必ず誰かの役に立っています。つまり、他者に貢献《こうけん》しています。その**貢献度が最上級までたどり着いたとき、神様が「合格」の通知をくださり、次なるライフワーク、そしてライトワークへの道が拓かれていく**のです。

では、どんな過程を経て道は拓かれていくのでしょう。次のページからは、実際にライトワークまでたどり着いた方の話をご紹介していきますね。

まとめ

ライフワークは、自分の外ではなく、内側にある。

無欲に貢献する人に、ライトワークが授けられる

もう一度、仕事の三段階についておさらいしましょう。

一つ目はライスワーク。ライスとはお米のことで、生きるためのごはん代を稼ぐ仕事です。縁結びをしたり、五穀豊穣《ごこくほうじょう》を司《つかさど》ったり、禍福《かふく》を運んだりと、八百万の神様お一人お一人に仕事があるように、事務職や営業職に就いたり、自営業で会社を経営したり、農業や漁業に従事したりと、私たちも毎日働いていますよね。

二つ目はライフワークで、生まれる前に決めてきた今世での課題のこと。「子どもを二人育てます」「結婚より仕事を優先します」「最後まで命をまっとうします」など

の日常的なことから、一生を通してやり抜きたいこと、好きだからやっているワクワクすることも含まれます。お金を貰っても貰わなくても、生涯を通してやり続けたいことなので、「志事《しごと》」と言い換えることができます。

そして、三つ目がライトワーク。**ライトとは光のことで、神様から直々に授かったお役目のこと。**ライスワーク、ライフワークは日々まっとうすることとして全員の義務となっていますが、**ライトワークは限られた人しか授かりません。**

どうやったら授けられる？

私の友人で、神様から次々とライトワークを授けられた男性がいます。

その男性は、上下関係の規律が厳しい大学に通っていました。ほとんどが男子学生で、全国から頭脳明晰《ずのうめいせき》な猛者《もさ》ばかりが集まる中、一年生のときからコツコツと努力を積み重ねて人間関係の徳を積み、四年生のときには数百人の後輩に慕《した》われるまでになりました。人徳に加えて成績優秀ともあり、大学卒業後の就職先では、いきなり数百人の部下を持つことに。ある日、大きな危険を伴う任務を遂行するために、人選をすることになりました。そこで彼は、部下との面談を始めます。缶コーヒーを用意して一人ずつと向き合い、これまでの職歴や家族のこと、将来の希望などについて、じっくり話を聞いたそうです。その結果、「誰の命も危険にさらせない！」という結論に至り、エリートの立場を捨てて仕事を辞《や》めたのです。

仕事を辞めたあとは、難関で有名な資格試験に、受験者の中でただ一人だけ一発合格。しかし、一緒に受験した仲間たちとの間に芽生《めば》えた友情から、試験対策用のDVDを自主制作して受験仲間に配り、全員を合格へと導きました。

すると、その働きに目をとめた大企業から引き抜かれることに。しかし、その企業の人間関係は崩壊《ほうかい》しており、仕事どころではありません。そこで、一人一人と面接をして、3年間かけて組織の立て直しに尽力《じんりょく》します。しかし、努力も空《むな》しく「もうこれ以上は無理だな……」とやり尽くしたときに、別の大企業から引き抜きの声がかかります。そこで、あと1カ月待てばボーナス時期だったにもかかわらず、「辞めるのにボーナスをもらうのは悪い」と考えてすぐに転職したのです。

彼の働き方の根幹《こんかん》にあるのは、**「人に貢献したい」という強い意志**です。目の前にいる人の幸せを願い、命を懸《か》けて働く。うまくいく確信がなくても、無我夢中でとにかくやってみる。そうやって行動していると、神様が「もうその仕事は卒業していいから、次はこっちで働いてよ」と次なるライトワークを授けてくださるのです。ライトワークは、神様からお願いされて担うお役目であり、自ら追い求めて手に入れる仕事ではありません。

傍をラクにするために全力を尽くした先に、ライトワークは用意されています。もし、「周りのために私はこれだけやっています」「こんなに一生懸命働いているのに導かれません」と文句を言っているとしたら、**頑張り方が間違っている**のです。周りが本当に満足していれば、神様も満足しているはずですから。

「私のライトワークはどこかしら？」なんてよそ見している余裕があるならまだだ。ライトワークまで導かれたいなら、目の前の仕事に集中して最善を尽くし、力を振り絞って人に貢献してください。

まとめ　**我欲《がよく》を捨てて、傍をラクにすることに集中する。**

自分の力が活かせるならば、とことんまで働いてみる

仕事に集中せず注意散漫《さんまん》で、「もっと別の場所に、お役目があるんじゃないしら」と周りをキョロキョロしても、そんな簡単にライトワークは見つかりません。神様に合格をいただけるくらい今の仕事をやりつくさないと、ライトワークが見つからないどころか、昇進だって昇給だってありえません。

ライトワークに導かれる人は、ライスワークをおろそかにしません。ある女性は、経営していた会社がうまくいかなくなり、会社を畳《たた》んで、一人の従業員として別の会社に入社しました。そして、過去の経歴を伏せて淡々と仕事に従事し、求められる以

上の働きを続けた結果、一般社員から社長の座にまでたどり着くようになったのです。いい仕事をするには、能力や適性も必要かもしれません。しかしそれ以上に、**求められた以上の働きで仕事に奉仕《ほうし》すると道が拓《ひら》ける**ということを、彼女は身をもって教えてくれました。

✴難病を乗り越え、目の前の仕事にひたすら打ち込んだ結果

ここでもう一人、ライトワークに導かれた男性の話をしましょう。彼は、小学生のときに突然難病にかかり、寝たきりになりました。中学校も高校も通えなくなった自分の運命を、子どもながらに呪《のろ》っていたそうなのですが、ある日、「このままじゃ何も変わらない」と思い至り、「病気になったからこそ、命あることの奇跡に気づけました。ありがとう」と病気に感謝の言葉を投げかけ始めました。すると、治療の手立てが皆無《かいむ》だった難病が治ったのです！

ついに病気から解放された彼は、働きに出ようと試みるのですが、日常会話すら満足にできません。しかし、行動を起こさなければ何も始まらないと考え、コンビニで

働き始めます。人見知りを克服したい、そして、難病に伏《ふ》せていた時間を取り戻したい一心で懸命に働いた結果、働いていた店舗が東京都でいちばんの売り上げを記録。その実績が評価され、4カ月後に控える海外研修でスピーチを任されることに。4カ月で必死に英語を覚え、スピーチは大成功。小学校からほとんど教育を受けてこなかったにもかかわらず、その後は大企業で営業マンとしての成功を収め、現在では営業コンサルタントとして活躍しています。

彼は、ライトワークを見つけたいと思って働いてきたわけではありません。「人見知りを克服したい」「社会に出て働きたい」と、**ただそれだけを叶《かな》えるために、わき目もふらずに働いてきた**のです。そして今となっては、難病で身動きがとれなかった子ども時代を振り返り、「昔と今では、ずいぶん違う景色を見ているなぁ」と不思議を感じるまでに成長したのです。ライトワークに導かれた人は共通して、「自分ではそうなるつもりはなかったんだけど、気がついたら流れに乗っていて、いつの間にか今の場所にいた」と言います。**目の前の仕事に必死に取り組み、地続きの今を懸命に泳いできてふと顔を上げたら、ずいぶん遠くまで来ていたと話す**のです。

ほとんどの人は、時給1000円の仕事をするときに、800円くらいの仕事しかしません。余力を残して力を出し惜しむのです。それなのに、「お給料を1500円に上げてほしい」と文句を言ったりします。しかし、たとえ時給1000円でも、全力で働く決心をしている人は、働き方が違います。いただく金額以上の働きをしよう、いや、金額にかかわらず、**自分の力が活《い》かせる場所があるならば、とことん働いてみようと、気迫が違います。つまり、今ここで最高にスパークして仕事をまっとうしようとする意気込みが違う**のです。

今の職場で最高にスパークしていますか？　周りから「あの人は気迫が違う」「あの人はよく働いてくれているから、お給料をもっと上げよう」と応援されるほど、仕事に邁進《まいしん》していますか？　ライスワークをおろそかにしてはなりません。神様はライスワークの中に、ライトワークのヒントを隠しているのですから。

まとめ

ライトワークへの道は、ライスワークにとことん打ち込むと見えてくる。

最大の喜びは、「誰かに求められること」

求職中だったり、転職を検討していたり、子育てや介護がひと段落して時間に余裕があったりして、働きたいと思っているのだけれど、やりたい仕事が思い浮かばないという人は、まずは**仕事に限らず、思いつくことを片《かた》っ端《ぱし》からやってみるといい**でしょう。食べたいものを食べて、飽《あ》きるほど旅行に行き、欲しい物は全部手に入れて、趣味にも没頭してみる。欲望のままに生きてみます。手元に700万円あるのなら、700万円全部を、自分のために使ってみればいいのです。最初のうちは心が満たされますが、そのうち「こんなにやりたいことをやっているのに、なぜ満たされないいんだろう……」という疑問が生まれてきます。悶々《もんもん》としているうちに、**「私の心が本当に喜ぶことは何だろう?」というシンプルな疑問が浮かんできたらチャンス**です。**人にとって最大の喜びは、「誰かに求められること」**です。傍をラクにして人が喜ぶ姿を見たい、そして、その働きを認められたいと願うから、人は働きます。

私の曾祖父《そうそふ》は、神社の神主《かんぬし》をしていたのですが、亡くなる最期《さいご》の日まで神社の掃除を日課にしていました。日本には星の数ほど神社がありますが、地方には過疎《かそ》化のために氏子《うじこ》が10人も満たないような神社がたくさんあります。曾祖父の神社もその一つ。ついに晩年、私財を投じて崩壊寸前だった神社を再建しました。

そんな曾祖父は、いつも通り掃除から帰ってきて、「よっこいしょ」と縁側に座ったとたん、そのまま天寿《てんじゅ》をまっとうしました。神様が曾祖父の働きを気に入り、喜んでくださったのでしょう。美しい最期でした。

✳自分に何ができるのか、どうやったら喜んでもらえるのか

もし今、「仕事が楽しくない」「仕事を辞めようかな」「この仕事のままでいいんだ

ろうか」と悩んでいるなら、今の仕事で自分が何をできるか、どうやったら人に喜んでもらえるかを考えてみてください。

私の家の近所には、大繁盛しているお総菜屋《そうざいや》さんがあります。主婦が何人か集まって、「自分たちにできることは何だろう」と考えた結果、料理ならできると答えを出し、お総菜屋さんを始めたのです。試行錯誤《しこうさくご》で始めたお店は、日々の食事に困っていた一人暮らしの人や高齢者に大ヒット。家庭料理ならではのおいしさを求めて、県外からもお客さんが訪れる人気店となりました。

また、別の女性は、「どのカレーよりもお母さんのカレーがいちばん！」と子どもたちに励まされて、主婦ながらカレー屋さんを始めました。そして、家族のために日夜工夫をして考え抜いたカレーが、家族以外にも絶賛されるカレーとなり、お店は大繁盛しています。

自分では「私にはこれしかできない」と悲嘆していても、それを「やってほしい」と求める人は少なからずいるはずです。たとえ仕事をしていない主婦だとしても、家族に「ごはんを作って」「お弁当を作って」と頼まれるのは、存在を求められているという証拠です。「あなたにやってほしいの」「あなたに頼みたい」と求められるほど、うれしいことはありませんよね。

「あなたにこの仕事をお願いしたい」「あなたならできると思う」と存在を求めてくれる人がいるのは幸せなことです。「やってほしい」と頼まれたら一生懸命やりましょう。

神様に応援していただきたいと願うなら、ラクをしよう、得をしよう、簡単に儲けようという欲まみれの自分を捨ててください。我欲を満たすことばかりを考えている人は幸せになれません。「これをやったらみんなに求められるんじゃないか」「喜ばれるんじゃないか」と考え抜いて出した答えを仕事に反映させていけば、やがてたくさんの人に認められるようになり、働くのが楽しくなるはず。そのほうが、血眼になって使命やライトワークを探し回るよりも、ずっと幸せに暮らせるでしょう。

まとめ　**人が喜ぶ顔を思い浮かべて、やれることをやる。**

「自立」がこの世に生まれてきた全員に共通する使命

仕事の最大の目的は、他者への貢献です。お金に目がくらんで中途半端に働いてしまっては、他者からも神様からも一向に認められません。

ライトワークまで導かれた人や、ライスワークに邁進する人たちは、自分の仕事に手を抜かず、内に秘めた高いプロ意識に突き動かされて働いています。気配りや心配りに余念のない仕事ぶりは他者の胸に響き、質のいい仕事が次の仕事を呼び寄せます。**神様にご贔屓されるのは、舞台裏では大汗をかいて働き、表では思いやりの表情を浮かべて他者に奉仕する人**です。

ただ、骨折り損のくたびれ儲けが度重《たびかさ》なると、働くのが嫌《いや》になりますよね。しかし、頑張っても報《むく》われないのは、自己満足で働いてしまっているからで、他者に貢献できていないからです。ましてや「こんなにやってあげているのに！」と不満を言ってしまっては、他者の笑顔が曇《くも》るばかりか、神様にまで見放されてしまいます。そして、この悪循環にひとたび足を踏み入れてしまうと、ますます働くのが嫌になってしまうのです。

✴あなたは自立していますか？

今でこそ「私にできることなら、いくらでも貢献したい」という意気込みで働いている私も、離婚直後は働くのが嫌で仕方がなく、「働かないで専業主婦になりたい」「稼ぎのいい男性に養ってもらいたい」と弱音を吐いてばかりいました。すると、ついに堪忍袋《かんにんぶくろ》の緒《お》が切れた神道家の師匠から、「**自立することが、この世に生まれてきた全員に共通する最も重要な使命**なのに、何を甘えたことを言っているんだ！」と、一瞬で目が覚めるほど厳しく叱《しか》られました。

師匠はいつも、「自分が食べる分は、必ず自分で稼ぎなさい。そして、自分の身の周りの支度は、必ず自分でしなさい」と口すっぱくおっしゃっていました。たとえ主婦であっても、光熱費や水道代、食費、家賃、被服費など、生きるために必要な最低限のお金は、自分で稼ぎなさいと叱咤《しった》するのです。そして男性にも、家事を女性に任せきりにせず、自分のパンツは自分で洗い、自分の食器は自分で洗いなさいと厳しく指導していました。

仕事や家事を人任せにするのは依存であり、自立しているとは言えません。神様にご贔屓されるには、自立が大前提なのです。

夫の稼ぎが少ないと嘆く女性のご相談を受けたときのことです。「生活に余裕が欲しいと言っているけれど、今日のお茶代は誰が払っているの？」と聞くと、「独身時代に貯《た》めていた私のお金です」と言います。そこで、「じゃあ、独身時代のお金を自由に使えているのは誰のおかげなの？　旦那さんが生活費を稼いでくれているおかげじゃないの？」と返すと、女性は不服そうな顔をしていました。

自分で汗水たらさなくても、誰かの稼ぎで暮らそうと思えば暮らせます。しかしそれでは、懸命に働いた先にふっと見え隠れする自分の使命や、神様がそっと用意してくださるご褒美も、受け取る機会は一生訪れません。

もし、よほどの難しい理由がなければ、自分が生活していくために必要な最低限のお金は、自分で稼ぎましょう。自分の食べるごはんは自分で作る。自分の服は自分で洗濯する。自分の部屋は自分で掃除する。人に生活を支えてもらっているようでは、一人前の大人とは言えません。女性も働くし、男性も家事をする。それが自立です。

人に頼らず自分の足で立ちましょう。

実は、自立以外のはっきりした使命を持って生まれてくる人はほとんどいません。だからこそ、**男性も女性も、自分のことは自分で世話をして自立すべき**なのです。ライトワークを知りたいと大騒ぎをする前に、まずは自分が使う分のお金を自分で稼ぎましょう。そのために全力で働き、たくさん貢献して傍をラクにした人にだけ、次なる仕事の扉がパカーンと開くのです。

まとめ　身の周りのことは自分でして、食べる分のお金は自分で稼ぐ。

働いた倍以上の価値が返ってくる働き方

「よし、自分が食べる分のお金は自分で稼ごう！」と一大決心して、さっそく仕事を探し始めた方！　その調子です！　家族や配偶者に守られた安泰《あんたい》な場所から一歩踏み出すには勇気がいります。運よく仕事が見つかっても、いちばん応援してほしい家族から思わぬ反対をされたり、自分より年下の同僚から厳しく叱責《しっせき》されたり、「使えないなあ」なんてぼやかれたり、慣れない作業に失敗を繰り返して落ち込んだりして、辛酸《しんさん》をなめることもあるでしょう。でも、「働く才能がないのかも……」なんてめげないでください。才能があるかどうかなんて、ほんの数カ月働いたところでわかりません。もちろん才能や適性もあるでしょうが、それ以上に**神様は、自立を目指す姿勢を応援してくださいます。**

まずは仕事を覚えること。そして、仕事に慣れて一通りの業務ができるようになったら、少しずつ他者に貢献するための働きを目指してください。どうやったら自分も同僚も働きやすい職場を作れるだろう、どうやったらお客様は満足してくださるだろう、どうやったら仕事の質が高まるだろう、どうやったら社会に貢献できるだろう……。**目の前に現れた人に全力で向き合う**のです。

いただいお金の3倍の価値をお返しする

そのとき、**「いただいお金の3倍の価値をお返しする」**という指針を立てると、仕事の質が磨かれていきます。3倍が難しければ2倍から始めてもいいでしょう。

私も、占いの鑑定をする際には、いただいた鑑定料の3倍以上の価値をお返ししようと毎回心がけています。ただ運勢を占うだけでなく、どうやったら目の前の方が幸運の波に乗れるか、どうやったら不安を軽減させるためのご提案ができるか、どうやったらご相談者様が笑顔になれるか……などに思いを巡《めぐ》らせて、心も時間も惜しまずに耳を傾けます。

勘違いしてはいけないのは、「いつもより3倍働いてあげている」と高慢《こうまん》にならないことです。**3倍の価値があるかどうかを決めるのは、自分ではなく相手**です。相手が、「支払った以上の値打ちがあった」と満足しなければ、いくらその気になって働いたとしても、すべて水の泡《あわ》となってしまいます。

3倍の価値を返しても、実際に相手の心に響くのは多くて2倍くらいの価値です。しかし、ひるがえってお金を支払う立場になってみると、支払った以上の価値が戻ってくるほど、うれしいことはないはずです。

時給が1000円なら3000円分の働きをしましょう。「なんだ、時給は1000円か。会社はずいぶん儲かっているみたいなのに、全然時給を上げてくれない。雇《やと》い主はケチだなぁ」なんて文句を言ってはいけません。

不徳なことに、かつての私も、「取引先はあんなに儲かっているのに、私にはこれっぽっちしか報酬をくれないんだ」と文句を言っていました。しかし、神道家の師匠に厳しいお叱りを受けたこともあり、心を入れ替えて働き方を変えました。その結果、今となっては、私の働きのさらに倍以上の価値が返ってくるようになりました。何年にもわたり、倍、倍、倍……と無我夢中で働いてきて、やっと神様に「合格」をいただける段階に至ったのでしょう。

私の統計によると、ライトワークまでたどり着くのは5パーセントくらいの人。ほんのわずかな人に限られています。つまり、残りの95パーセントの人は、ライスワークに従事するだけで人生が終わってしまいます。ただし、**ライスワークだからといって高《たか》をくくってはなりません。**

のん気に「お給料がいいからこの仕事を選んだし、今のままで安泰だ」なんてあぐらをかいている場合ではありません。雇い主は、せめてお給料分、本心ではそれ以上の働きを期待しています。出し惜《お》しみは不要！　お給料の額面に翻弄《ほんろう》されず、自分の仕事の価値を、自分で高めていきましょう。

まとめ　出し惜しみせずに、いただいたお金の3倍以上働く。

「自分の使命」は、外に探しに行っても見つからない

土日が休みだから、定時で帰れるから、ボーナスが出るから、安定したお給料が保証されているから……。もし、今の職場を、損得だけで選んでいたとしたら、自分が職場を条件で選んだように、「これだけ保証してあげるんだから、働き倒してもらって当然だろう」と雇い主からも交換条件を突き付けられてしまいます。

損得だけで仕事を選ぶと、一時的には満足のいく利益を得られても、後になって大損するのが世の理《ことわり》。従業員は雇い主の利益を狙い、雇い主は従業員から労働力を搾取《さくしゅ》しようとする奪い合いの関係など、長続きしないのは目に見えています。

予期せず職場が破綻《はたん》して、ひょいっと放り出されてしまったときに困るのは自分です。雇い主は一から十まで個人の面倒を見てくれません。外に出されて初めて、適当に仕事をこなしてきた過去に後悔しても遅いのです。

たとえ組織に属していても、突然世の中に放り出されときに一人で生きていけるだけの力を身につけておきたいものです。それにはやはり、ふだんからいかに全力で働いているかが物を言います。何歳になっても、どんな状況になっても、どんな組織にいても、個人で働いていても、「あなたにこの仕事をやってもらいたい」と人から信用される働き方をしたいものです。

✴ラクなほうに道は拓かない

働く、つまり傍《はた》をラクにするというのは、実に骨の折れる修行のようなものです。繰り返しになりますが、**仕事の基本は、目の前の仕事を全力でまっとうすること。**それなのに人は、怠け心に負けて手を抜きがちです。自制心が機能せずに、ラクなほうへラクなほうへと進んでも、その先は行き止まり。仕事を通じて運を上げたいと願うなら、出し惜しみせずに働くことです。

「傍をラクにする」と言葉にすると簡単ですが、実践できている人はあまりいません。周りを見渡したとき、「職場の人間関係にも恵まれて、仕事も楽しい。何より毎日誰かが喜ぶ顔が見られるのがうれしいの！」といきいきしている人はどれだけいますか？　あまり見当たらないのが現実でしょう。つまり、それだけ余力を残している人が多いということなのです。

仕事にやりがいがないからと、書籍を読んだり勉強会に行ったりして、外で使命を探そうとしても見つかるはずがありません。たまには働き詰めで疲れた心を休めたり、日々の仕事を一人で静かに客観視する必要もありますが、机にかじりついてじっと座っていたって、使命は降ってきません。

それなのに、なぜ使命を外に探そうとするのかというと、「他の誰にもない、自分だけの特別な使命があるはずだ」「自分は神様に選ばれた存在なのだ」という選民意識があるからです。自分だけが大いなる存在から選ばれていると思い込みたいのでしょうが、そんな邪心に魔は付け入ります。

神様が使命を与えているのは自分だけではありません。生きている全員に与えています。**自分の使命は、責任を持って自分の力でまっとうするもの。**人の使命と自分の使命を比較して一喜一憂したり、人が使命をまっとうするのを邪魔しようとしたりするのはお門違いです。

幸いにして、日本という国の幸せを願って奔走《ほんそう》する働き者の八百万の神様たちによって、私たちは守られています。そして、神様たちは自分の仕事に全力を尽くす人を応援してくださいます。こんな恵まれた環境で生きているのですから、安心して思い切り働きましょう。

最大限の力を振り絞って働いても、うまくいかずに落ち込むこともあるかもしれません。それでいいのです。**何度も失敗して、それでも傍をラクにしようと志を高く持つ人を、神様は見放しません。**目の前にいる人の幸せのために、今、自分に何ができるか。それだけを考えて働きましょう。

まとめ　**人と比較せず、自分の使命だけに集中する。**

PART 4

本物の幸せが続く「恋愛・結婚」の習慣

神様に応援される恋愛と結婚とは

私たちは生まれる前に、結婚について神様と相談します。

なかには「私たちは生まれ変わっても、必ずまた夫婦になります」と決めて生まれてくる人もいますが、そんなカップルは3000組に1組程度。残りの人たちは「結婚はするけど、生まれてから相手を決めます」「結婚しなくてもいいけど、いい相手がいたら検討します」「結婚せずに一生を仕事に捧げます」という筋書《すじが》きのどれかを選んで生まれてきます。つまり、ほとんどの人が結婚相手を決めていないのです。

私のもとには、若い方に留《とど》まらず、40代、50代、最高では70代の方からも結婚のご相談が舞い込んできます。先日も、ある40代の女性から「私はいつ結婚できますか?」との相談を受けました。時期を聞くからには相手がいるのだと思い、「どんな彼なの?」と聞くと、「いえ、恋人はいません」と言います。「じゃあ、婚活しているの?」と聞くと、「いや別に。出会いがないんです」との答え。

ほとんどの人が相手を決めずにこの世にやってくるのですから、進んで出会いの場に行かない限り、出会いはありません。何を基準に相手を選ぶのかを決めるのは自分ですし、ぼーっと待っていても白馬《はくば》の王子様はやってきません。

✦「選ぶ」のは、あなただけではない

相手を見つけるために紹介を頼むのも一つの手です。しかし、自分を客観的に見たとき、紹介してもらうに値《あたい》する人になっているでしょうか。「年収1000万円の人と結婚したい!」と理想を掲《かか》げるのは自由です。でも、あなたは年収1000万円の人から選ばれるような人間性と魅力を持っているでしょうか?「働かずに家でのんびりしたいし、老後の心配をしたくないから、稼《かせ》ぎのいい人と結婚したい」という依

存的なあなたを、相手は選んでくれるでしょうか？

また、仮に人間性を12段階に分けたとして、あなたはどのレベルにいるでしょう。もしレベル7にいるとしたら、どのレベルの相手と結婚したいですか？　「レベル5の相手！」と答えたあなた。では、レベル5の相手はレベル7のあなたを選ぶでしょうか。レベル5の相手は、レベル4や3の相手、せめて同レベルの相手を選びたいと思うのが自然ですよね。つまり、**相手に理想を求めるなら、選んでもらえるような自分に変化していくことから始めるべき**なのです。

たとえ結婚相手が見つかっても、お祝いムードに水をさすようですが、結婚は幸せになるためにするものではありません。**一緒に苦労を経験するためにするもの**です。生《しょう》老《ろう》病《びょう》死《し》という言葉があるように、人生は苦しみのほうが多い。だから結婚は、「この人なら私を幸せにしてくれそう」と思ってするのではなく、**「この人となら一緒に苦労を乗り越えられそうだ」と思って決めるほうがいい**のです。

夫婦関係のご相談を受けるとき、「夫が幸せにしてくれない」「稼いでくれない」「子育てをしてくれない」「家事をしてくれない」と嘆く人が多いのですが、私はこれを「くれない病」と名付けています。「何もしてくれない」「私ばかりが損をする」と愚痴《ぐち》をこぼし、自分だけが被害者のような顔をしていると、慈悲深《じひぶか》い神様は、「この人は愚痴を言うのが好きなんだ。被害に遭《あ》うのが好きなんだ」と思って、悲惨な状況をますますプレゼントしてくださいます。そんなの嫌ですよね。だったら、「くれない病」から卒業するしかありません。

相手に寄りかかることなく自立しましょう。そして、「この人とだったら苦労も楽しめそうだ」と思えるなら結婚する。「こいつのために苦労するなんて冗談じゃない」と思うなら別れる。「一緒に苦労しようね♡」とお互いに腹をくって結婚すると、相手に不平不満など抱《いだ》かなくなります。

恋愛も結婚も、最後に問われるのは人間性です。目に見えないものを信じる精神力や信仰心、人としての魅力、物事の筋を通しているかどうかなど、その人の生き方が如実に現れる恋愛と結婚の選択を、神様はしっかりと見ています。

まとめ

いい恋愛、いい結婚を叶《かな》えるのは、自立した〝いい魂〟。

運命の人に巡り合うためには、行動が必要

恋愛や結婚ができない人が多くなった背景の一つに、自由恋愛があるのでは？　と私は考えています。一昔前は、「お宅の娘さんと、年齢も相性も合いそうないい男がいるんだけど、どうかしら」と、おせっかいながらも提案してくれる仲人《なこうど》さんがいました。恋愛に幻想を抱きすぎると、理想と現実がないまぜになって、相手の長所を何倍にも美化し、短所には封をするので、判断力が鈍《にぶ》ります。

一方仲人さんは、当事者とは違って冷静に相性を考えるので、案外うまく引き合わせてくれます。それに、お互いによっぽどの欠陥がなければ、仲人さんも当事者も家

族も力を合わせるので、縁談がまとまりやすくなります。

しかし、現代は自由恋愛が主流。相性や価値観、仕事や居住地、見た目や感性などの諸条件を、自分の希望と照らし合わせて相手を選ぶ時代です。選択の幅《はば》と自由が生まれたのは喜ばしい時代の変化かもしれませんが、**選択肢が広がったということは、それだけ悩みの種が増えたとも言える**のです。

✦待っていれば来る？

恋愛と結婚について私のもとにご相談にいらっしゃる方にも、少しずつ変化が現れています。数年前は、40代、50代の女性の悩みは、「離婚しようか迷っている」という内容が多かったのですが、今では「どうしたら結婚相手が見つかりますか？」というご相談が圧倒的に増えています。しかも、二度目の結婚ではなく、一度目の結婚ができるか悩んでいらっしゃる方が多いのです。

先日も、「私はいつ運命の相手と出会えますか？」と尋ねる40代の女性がいらっしゃいました。じっくり向き合って話を聞いていると、どうやら彼女は、「世界にただ一人の運命の相手が、いつか必ず私を見つけ出してくれる。その出会いは必ず訪れるから、ひたすら待っていればいい」と真剣に信じているようなのです。

人は生まれてくる前に、結婚するかしないか、そして誰と結婚するかを神様と相談して生まれてきます。私の統計によると、世界でたった一人の「この人！」を決めて生まれてくるカップルは、1500組に1組です。取引先の相手として出会ったり、一人旅同士で偶然に出会ったり、親友の夫の親友という関係で出会ったりと、どんなことがあっても絶対に出会うように運命が仕組まれています。しかし、そんなカップルは本当にまれ！

ほとんどの人は、「自分で探します」と、相手を決めずに生まれてくるので、見つけたり、待ったりするのではなく、自分で動いて探しに行かなければなりません。

さきほどの女性に、「運命の相手がいるとして、その人と出会うために何か行動しているの？」と聞くと、運命の相手はある日ふわっと目の前に現れるはずなのに、どうして私が動かないといけないの？　と困惑の表情を浮かべていました。

ちょっと待ってください！　**じっと待っていたって運命の相手とは出会えません。**

本気で恋愛、または結婚しようとしている人は、おしなべて行動しています。合コンやオフ会に参加したり、新しい習い事や趣味を始めたり、ジムに通ったり、紹介を頼んだり、マッチングアプリに登録したりと積極的です。

同時期に40代の女性二人から、「結婚したい」との相談を受けました。二人とも二度結婚して、二度離婚しています。明らかな失敗といえるのは二度の離婚ですが、それ以外にも実を結ばない恋愛は数知れず。失恋にも体力が必要ですから、度重《たびかさ》なれば、「もうダメだ」とあきらめても不思議ではありません。しかし、二人はあきらめませんでした。私のアドバイスに真剣に耳を傾け、過去の失敗を反省、分析し、結婚に向けて行動を続けたのです。そして今、自分で探して自分で選んだ相手と暮らしています。

何歳になっても、恋愛も結婚も始められます。**神様は、どん底から這《は》い上がろうとする人が、どんな行動を起こすかをじっと見つめている**のですから。

まとめ

「恋人が欲しい」「結婚したい」なら、出会いの場に積極的に足を運ぶ。

周りに「紹介したい」と思われる人になる

良縁は他者が結んでくれることが多いものです。

ですから、「恋愛したい」「結婚したい」と一念発起《いちねんほっき》したとき、**周りの友人・知人に「誰か紹介して！」とお願いするのは、手始めとして有効**です。ただ、いくら紹介してほしいとお願いしても、自分に魅力がなければ誰も紹介してもらえません。たとえ親しい間柄であっても、紹介を頼まれた側は、「この人は、私の友人・知人を紹介するに値する人だろうか」とシビアに見定めています。逆の立場になって人から紹介を頼まれたとき、紹介を求めた人が恋愛に依存的で、恋人や結婚相手に高い理想と細かな条件ばかりを求めるような人だったら、紹介する気も失せますよね。

「周りに、『紹介して』って頼んでいるのに、なかなか紹介してもらえなくて……」と愚痴をこぼす人に、「立場を変えてあなたが紹介する側になったとき、どんな人だったら紹介してもいいかなって思える？」と聞くと、だいたい「やさしくて心穏やかで、一緒にいて楽しい人だったら、一肌脱いで誰かいい人を紹介してあげようかなって思います」と答えます。では**自分は、「良縁を結んであげようかな」と神様や周りの人たちに応援される人になっているでしょうか？**

✳自分のレベルを客観的に考えてみる

離婚をして子どもを一人で育てている、20代の女性のご相談を受けたことがあります。元夫は満足な稼ぎを家庭に入れるでもなく、お酒ばかり飲んで暴《あば》れるような人だったそうです。それでも好きだったから、子どもができれば彼も心を入れ替えるだろうと信じていたけれど、やっぱりダメだったと話します。

これまで多くの方のご相談を受けてきて、人間性のレベルはピラミッド状に12段階に分かれているように感じています。そこで彼女に、「元夫とあなたは、それぞれどのレベルにいると思う？」と尋ねてみると、「元夫は12で、私は11だと思う」とのこと。「じゃあ、次はどのレベルの男性と出会いたい？」と聞くと、「レベル7くらいの男性がいい」と希望します。続けて、「レベル7の男性はあなたを選ぶかな？」と問いかけると、ハッとした顔をして彼女は言いました。「選びませんよね。私がせめてレベル7まで上がらないと。仕事も子育ても実家に頼りきりで自立せず、男性にも依存的で、私も子どもも丸ごと養ってもらおうなんて目論んでいたら……選ばれませんよね」と。

「実家に依存して働かずにいたから、明日から仕事を探し始めます」と宣言した彼女に、ぜひ頑張ってほしいとエールを送りました。

すぐには理想のレベルに行けなくても、**レベルを上げる決意をしたときから、人はどんどん変わり始めます。**レベル分けはピラミッド状ですから、レベルを下げればそれだけ該当人数も増えます。しかし、理想の相手と出会える確率は下がるでしょう。**納得できる相手を選びたいと願うなら、魂を磨くしかない**のです。

そのための**第一歩は自立**です。質のいい人間関係は、お互いの自立が絶対条件であり、恋愛・結婚関係も例外ではありません。私も離婚した直後は、「稼ぎのいい男性に養ってもらいたい」とぼやいていた愚《おろ》かな時期がありました。そのとき、神道家の師匠は同情など一切せずに、「自立しろっ！」と厳しく叱責《しっせき》してくださいました。たとえるなら往復ビンタの嵐です。ビンタされて頬が腫《は》れ上がってしくしく泣いていても、自分以外に誰も手当てをしてくれません。愚かなる心の数々に気づいて目を覚ましたら、自分で立ち上がるしかないのです。

紹介してほしいと人に頼むなら、紹介されるに値する人に変化するまで。変化しようと頑張っている自分を、褒めて労って励まして、もっと魂を磨こうと前向きに毎日を過ごしていけば、周りに自然と魅力が伝わります。

神様も、自分の選択に責任を持って、覚悟を決めて行動する人に、良縁を授《さず》けようとしてくださいます。

まとめ　高い理想を求めるなら、自分を底上げする。

次につながる上手な恋の終わらせ方

良縁、悪縁《あくえん》、腐《くさ》れ縁。人との縁は無数につながっているので、ひもくじのように、どの縁を引き当てるかが運命を左右します。

もし、**出会った瞬間にビビビッと衝撃が走ったら、「良縁を見つけた!」と万歳三唱して喜ぶ……のではなく、実は要注意!** 台風の日には危ないから川に行くなと何度も注意されているのに、「ダメ」「危険」「近づくな」と強く禁止されればされるほど、かえって見に行きたくなるのが人の心理。悪いことほどむずむずと好奇心が騒ぐのです。それに、魔的な縁や悪縁からは誘惑の甘い香りが漂《ただよ》ってくるものなので、知らぬ間にふらっと引き寄せられがちです。

それなのに多くの人は、「ビビビッとこなくちゃ愛じゃない」「恋愛にはときめきが欠かせない」と口を揃え、胸がドキドキするような刺激を追い求めます。しかし、「好きだ」「惚《ほ》れた」「愛してる」と恋が燃えるのは、せいぜい三〜五年くらい。つきあい始めは、「片時も離れたくない」「別れるなんてありえない」と固い絆《きずな》を疑わずにいても、三年くらい経《た》てば、「あれ？　この人って、こんなだっけ？」「なんか最近ムカツク」「あんなにやさしかったのに、人は変わってしまうのね」なんて相手を見る目がガラリと変わったりします。

今の相手に違和感を感じたら

心のすれ違いを感じるのは、相手の心が変わったからではなく、相手を見る自分の目が変わったからです。相手の本質は、つきあい始めた頃からほとんど変わっていません。恋愛初期に、二重三重にかけていた自分の色眼鏡《いろめがね》の色が、ただ抜け落ちただけです。ビビビッときてしまうと色眼鏡の色はぐんと濃《こ》くなるので、相手の本質が見抜けなくなるのです。

色眼鏡が外れて現実を目《ま》の当たりにして、「これからも一生この人と共に過ごすのだろうか……」という疑問が浮かんできたとき、「まあ、この人とだったら何とかなりそうだ」と譲歩できるなら、**相手への過度な期待を捨てて、一緒に生きる覚悟を決めてください。反対に、「こんな人のために人生を棒に振るなんてまっぴらだ」とうんざりするなら、つらいでしょうが縁を切ってください。**

縁を切るには気力も体力もすり減《へ》るものですが、別れや離婚を乗り越えた人たちの多くは、憑《つ》き物が落ちたような晴れ晴れとした顔をしています。それに加えて、「この前の彼はどうだったの？」「ダメだった。変な男だった」「そうなんだ、まあ他にも男はいっぱいいるよ」なんて笑い話のネタに昇華してしまえば、次の恋愛や結婚にも踏み切りやすくなります。

一方で、過去の失恋や離婚をいつまでも引きずってしまうと、百害あって一利なし。ある男性は、高校生の頃に彼女に浮気されてフラれた経験をずっと根に持っていました。浄化《じょうか》されない悔しさは、「どうせ女は浮気する」という思い込みに変換され、その負の感情に引き寄せられるように、彼のもとには浮気する女性ばかりが集まるようになっていました。浮気されるたびに、「ほらね、女はみんな裏切るんだ」と思い込みを強化する彼の姿を見て、「この人は浮気をする女性が好きなのかな」と、わざわざ神様が用意してくださっているのでしょう。

煮え切らない失恋や離婚があるなら、ここでいったん清算しましょう。これまで見ないように蓋《ふた》をしていた過去の思い出をひも解《と》いてみます。その人とはどうやってつきあい始めたのでしょう？　別れた原因は？　どんなケンカをして、どんな価値観のズレがあった？　許せなかった裏切りは？……手当てされずに化膿《かのう》してしまった心の傷を、少しずつ癒やしていくのです。

失敗した恋を思い出すと心苦しくなるでしょう。しかし、傷が治るにつれて、「この失恋にも意味があった」「離婚をしたから今の自分がある」と前向きに考えられるようになります。こうなればもう安心。次の恋愛に進めます。

まとめ

終わった恋愛と結婚は、ちゃんと浄化させる。

「悪縁」の恋愛は、痛くても苦しくても切るしかない

恋愛でも結婚でも、良縁でつながっていれば多少の困難があっても力を合わせて何とか解決できますし、わかりやすい幸せの形を追い求めずとも、「一緒にいるとなんとなく落ち着く」と穏やかな関係を続けていけます。反対に、悪縁でつながってしまうと大変です！　**悪縁は良縁以上に吸引力が強いので、諍《いさか》いが絶えない割に離れるのも難しくなります。**

ある男性は結婚しているのですが、別の女性と不倫関係にありました。男性の話を詳《くわ》しく聞いていくうちに、妻とは悪縁で、不倫相手とは良縁でつながっているという

関係性が見えてきました。妻とは悪縁なので一事が万事うまくいきません。お互いの短所ばかりが目につきますし、些細《ささい》な出来事が大ゲンカを引き起こします。男性は離婚を申し出ているのですが、なかなか妻が認めないと言います。ふだんから険悪で、愛も尊重もなく、一緒にいたって不穏な空気を増幅させるだけなのだから、早く離婚すればいいのは明白です。

それでも妻が離婚を認めないのは、「別れない」という選択が、夫への最大の嫌がらせになるからです。夫だけが幸せになるのは許せないから、妻は何が何でも別れたくないのです。

悪縁は良縁以上に強力

悪縁は強力ですから、いざ別れを決心しても、決着に至るまでには相当な時間がかかります。「別れたら死ぬ！」と脅《おど》してきたり、「私が全部悪かった。あなたのために変わるから許して」と情に訴えてきたり、「仲直りをしよう」と突然高価なプレゼントを贈ってきたりと、別れを避けるために相手は手を変え品を変え攻撃を仕掛けてくるからです。攻撃は絶え間なく続き、心を揺さぶってきますから、いちいち応戦しているうちに少しずつ精神力が奪われ、「こんなに大変なら、もう別れなくてもいいや……」というあきらめが生まれてきてしまいます。

しかし、**悪縁は断《た》ち切らないといけません！** 恋愛に依存して相手にもたれかかり、暴力を振るったり、甘い誘惑の言葉をささやいて混乱させたりするのは、最悪の関係です。本気で別れようとするとボロボロになるでしょう。しかし、痛い思いを耐《た》え忍《しの》んででも、別れるしかないのです。

ケンカが絶えない夫婦関係を抱える女性から、「どうしたらいいでしょう」とご相談を受けましたが、悪縁ならば切るしかありません。関係を修復させようと苦心して、相手の心を変えようとどんなに奮闘したって、関係は変わりません。

悪縁を切るのは骨の折れる作業ですから、できるなら手をつけたくないと思うでしょう。悪縁だとわかっていても、関係を清算するために払う労力を想像すると、二の足を踏むのも当然です。しかし、変化には痛みを伴うものです。

いきなり別れられなくても、距離を置いて相手から離れれば、たいがいは「私たちの関係は、ずいぶん歪《ゆが》んでいたんだな。どうしてもっと早く別れなかったんだろう」と冷静になれるはずです。それに、骨身《ほねみ》を削って悪縁を切り離せば、その心意気を見届けた神様が、新しい良縁をご用意してくださるものです。

「違和感」を決して見過ごさない

悪縁に執着させているのは依存心です。依存心は恋愛と結婚の大敵！　依存心は相手の愛を疑うので、心が常にザワザワと騒ぎます。

うっかり悪縁でつながらないためにも、言葉にできない違和感を大切にしてください。**いくら好条件な相手であっても、「なんかこの人、変だな」「ちょっと気持ち悪いな」と感じるなら離れてください。**拭《ぬぐ》いきれない違和感を信じることが、自分を悪縁から守る手助けになります。

まとめ　悪縁ならば、生まれ変わるつもりで身を削ってでも切る。

いつまでも良好な関係が続く極意《ごくい》

仕事も恋愛も結婚においても、選択の自由の幅が広がったことで、より一層、自分《じぶん》軸《じく》を確立する重要性が高まっています。「結婚をせずに仕事に人生を捧《ささ》げよう」「仕事も家庭も両立させよう」「仕事もするけれど軸足《じくあし》は家庭に置いておこう」など、人によって選択は自由です。今世《こんせ》で与えられた命をどうやってまっとうするかは、自分の魂に尋ねてみるしかないのです。

それなのに、横目で人の選択を覗《のぞ》き見《み》して自分と比較したり、世の中の流れに翻弄《ほんろう》されたり、メディアから絶え間なく流れてくる情報に踊らされたりすると、「これでいいんだ！」と覚悟を決めたはずの選択が揺らいでしまいます。「あの人の夫はうちの夫より収入が多い」なんて比べ始めたら、たちまち悲劇のヒロインになってしまいますよね。**比較は不安を生む諸悪の根源。パートナーの足りないところではなく、光**《こう》**明面**《みょうめん》**（いいところ、いい行ない）に目を向けましょう。**

✦相手を思いやる心の尊さ

定期的にご相談に乗っている40代後半のある女性がいます。彼女の話を伺っていていつも感じるのは、家族、とりわけ夫を尊重しようとする思いやりのまなざしです。

つきあい始めの頃は恋愛感情が盛り上がっていても、時間が経てば愛が甘えに変わり、甘えが依存に変わり、依存が憎しみに変わったりするものです。しかし、彼女の夫に対する姿勢はずっと変わりません。

ご相談にいらっしゃる方の中には、「うちの夫は稼ぎが少ない」と愚痴をこぼす女性が本当に多いのですが、彼女は正反対。家事もしつつフリーで仕事もしていて、実は夫の倍以上の稼ぎがあります。しかし、自分の収入額は夫に伝えず、「パパはすごいね、いつもこんなに頑張って働いてくれて。本当に助かっているよ」と感謝の気持ちを絶えず言葉にして伝えています。さらに、自分で稼いだお金をしっかり貯《た》めて、夫の貯金とも合わせて家を現金で購入し、「パパのおかげで家が建《た》った！」と夫に感謝しているというから驚きです。彼女は決して、自分の収入額を隠して影で夫をバカにしているわけではありません。どうやったら夫が前向きに働きに出てくれるか、どうやったら家庭円満に過ごせるか、どうやったらお互いの関係を良好に保てるかを考えて、行動しているだけなのです。

彼女の夫を思う気持ちには、一本の筋《すじ》が通っています。そして、とても謙虚です。

これまでの慣例から、子育てや家事を担う割合は、どうしても女性のほうが多くなっています。ゆえに、「夫が全然子育てに協力してくれない」「今日くらい家事を手伝ってくれればいいのに」と文句を言いがちです。では、愚痴を言う前に、夫が外でどれだけ大変な思いをして働いているか、想像できるでしょうか？　パートナーの置かれている境遇もわからないままに、「あそこの家の旦那《だんな》さんはあんなに子どもの世話をしてくれているのよ。稼ぎも多いし」「友だちの彼氏はよく旅行に連れて行ってくれるのに、私の彼は全然そんなことをしてくれない」などと他と比べて文句を言っていたら、パートナーのイライラも募《つの》ります。

どんなに選択の自由が増えたって、**100パーセント自分の理想通りの相手などいません。**パートナーが理想に近づかないからと、わがままを言っていいわけでもありません。あそこがダメ、ここがダメだと言っていても空《むな》しいだけです。

人間関係と同じく、恋愛・結婚関係も基本は同じ。**自分も相手も肯定すること**です。そのとき、割合を等しくするのがポイントです。自分を肯定するエネルギーが50なら、相手を肯定するエネルギーも50。自分の魂を大切にするように、相手の魂も大切にしていれば、おのずと関係は清められていきます。ただし、あまり頑張りすぎないこと。パートナーといると胸が締め付けられて苦しいのなら、無理せず縁を切って、次の良縁に備《そな》えましょう。

まとめ

恋愛も結婚関係も、自分と相手を等しく肯定することが大原則。

パートナーを損得で選ぶと、大損する

私の書籍を読んだある読者の方が、泣きながら飛び込んできました。

「中井先生！　私が間違っていました。中井先生の本を読んでいたら、『つきあう人を損得で選ぶと、必ず損をするようになっている』と書いてあって……。まさに私、今の夫を損得で選んだんです。夫と結婚するとき、『この人と結婚すれば、一生衣食住に困らないだろうな』って損得計算したんです！」

ある日突然、他に好きな女性ができたと夫から告《つ》げられ、「その人と一緒になりたいから別れてくれ。十分な慰謝料も払うし、一切の家財道具も譲《ゆず》るから」と離婚を懇願されたと言うのです。彼女と旦那さんは職場結婚でした。同じ会社で働いていた同僚ですから、このまま順調に行けば何歳で月収がいくらになって、最終的にはこれくらいの稼ぎを得られて、「これなら食うに困らないな」という計算ができたそうです。それに、見た目も悪くないし、つきあえなくもない相手だったから、将来の安定のためにも、結婚を見据《みす》えて交際を始めたと言います。

ある程度の交際を経てめでたく結婚したものの、寿退社《ことぶきたいしゃ》をして夫婦生活が始まると、「どうも私は、そこまでこの人を愛せないのではないか？」という疑念が拭いきれず、スキンシップをするにも嫌気《いやけ》が差すようになったそうです。一見すると仲良し夫婦だけれど、二人にしかわからないほころびを抱えながら夫婦生活を続けて十数年。ついに旦那さんが口火《くちび》を切ったのです。

✴損得から離れ、本当の人生を歩み始めた彼女

「この人は甲斐性《かいしょう》があるから食いっぱぐれないだろう」「ちょっと違和感はあるけれど、死ぬまで安泰と考えるなら、目をつぶって結婚しよう」「子どもができたら少し

はマシになるかもしれない」――。**自分が得することばかりを考えた結果が、夫からの離婚の申し出**でした。彼女は「別れたくない」と言いつつも、夫からうまみだけを吸おうとしたこれまでの自分の言動を悔《く》いていました。

そこで、「つらいと思うけど、離婚してあげたらどう？　あなたが頑《かたく》なに離婚を拒否して調停をしたって、お互いに傷つけ合うだけだよ。『食うに困りたくない』という願いが叶って、これまで専業主婦として自由に過ごしてこられたんだから、次は旦那さんを自由にしてあげる番じゃない？」と言うと、「私も本音では、それがいいんだろうな、と思っていたんです……」と泣きながら返事をくれました。

彼女はそこから変わりました。「夫に依存していた過去と決別して、今から成り上がります！」と宣言し、早速仕事探しに走ったのです。そして、手始めに週3日で接客業のアルバイトを始めます。「自分の生活費は自分で稼ぎます！」と気合いも十分。職場は舞台、制服は衣装という気持ちで職場に立ち、お客様にお茶を出すときは、お茶を出すという役割をドラマチックに演じる女優になったつもりで働いたそうです。その結果、お店の人から「週3日とは言わず、もっと働きに来てほしい」と頼まれるようになり、今では毎日楽しそうに働いています。彼女は、本当に成り上がったのです。**パートナーを損得で選ぶと、しばらくは得をしても、あとになって大損します。**彼女だけでなく、損得で選んだ恋人や配偶者から、突然別れを切り出された人をたくさん見てきました。

どんなに「別れたくない！」と大騒ぎしたって、最終的に決めるのは、別れを切り出した本人です。では、別れたいと言われた側は何もできないのか。相手の決意が固いなら、別れは避けられません。しかし、自分の非を認めて変わることはできます。「あなたのおかげで目が覚めたの。仕事も決めたし、これからは私も自立して生きていくね！」と、自分の人生を真摯《しんし》にまっとうする姿を、相手と神様に見せてください。**相手に多くを求める依存心を捨てたら、神様も「よしよし、その調子」と見守ってくださるはず**です。

まとめ

自分が得することばかり考えていると、そのしっぺ返しは必ずある。

後悔しない恋愛・結婚の選択とは？

どうやら**恋愛も結婚も甘いだけではない**ようです。常に成長が求められます。理想通りのパートナーとお近づきになろうと思ったら、人間性を上げて自分を磨き、出会いを求めて積極的に行動しないといけませんし、結婚したらしたで、たとえパタッと熱が冷めたとしても、関係を続けるための工夫が必要です。

結婚するまでは想像もしなかった未曾有《みぞう》の苦労を経験することもあるでしょう。肩書きも稼ぎも見た目もいい相手と結婚したからといって、苦労も問題も困難もまったくないなんて高をくくるのは、夢物語を見ているようなものです。

髪はぼさぼさでいつもノーメイク。似合わないいくたくたの服を着て、自分の容姿に興味がなかったある女性は、「恋人を作る！」と一念発起して、見違えるように美しくなりました。容姿に自信を持つと周りに魅力が伝わるので、出会いの場ではたくさんの声がかかるようになりました。

しかし残念なことに、ここで彼女は、**切り拓《ひら》いた道を自分で閉ざすような不徳を積んでしまった**のです。「年収はいくらなの？　えっ、それで私に声をかけてきたの？」と、「肩書き＋年収＋見た目＝人間性」と言わんばかりに、男性に一方的な評価を下すようになったのです。

不安定な世の中、会社が急に経営不振に陥ったり、収入が減ったり、予想外の事故や災難に遭ったり、病気になったりすることもあるでしょう。10年前の自分が、今の自分の状況を寸分の狂いなく予想できていたでしょうか？　まだ見たことがない10年後の未来の状況がわかりますか？　あるのは今しかありません。

肩書きや年収、見た目ほど、常に流動して当てにならないものはありません。都会ではなく田舎で暮らしていたら、たとえ収入が減っても農作物を作ったり、安い家賃で広い部屋に住めたりして、お金に頼らない生活ができるでしょうし、若い頃は美しい容姿に惹《ひ》かれたとしても、粗末な生き方が顔に表れてあっというまに老《ふ》け込んでしまうこともあるでしょう。そうなると、残るのは人間性、つまり魅力があるかどうかです。不慮の出来事や不幸に見舞われたとき、力を合わせて乗り越えていけそうな人かどうかは、相手を選ぶ一つの基準になります。

また、好条件ばかりに目を奪われてしまうと、奥に隠れた魅力を見過ごしかねません。**見るべきは相手の人柄、精神性の高さ、生き方に筋が通っているかどうか、つまり生き方そのもの**なのです。

✳自分で決めたなら、失敗したっていい

相性がバッチリ合っている相手と出会える人は、実は少数。それに、「一緒になろうね」と生まれる前から約束して魂がつながっていたとしても、どちらかが若くして亡くなったりして、今世で一緒にいられる時間が短かったりするものです。30代前半のある女性は、子ども二人を遺《のこ》して亡くなった夫を偲《しの》んで、「すごい幸せだったし、

今でも悲しい」と5年経っても涙にくれています。反対に、「生まれ変わっても今の相手を選ぶ？」と尋ねると、「ここだけの話、次は絶対違う人にする」と愚痴や文句を言いながらも、山あり谷ありの結婚生活をなんとなく続けている人もいます。

何歳までに結婚するとか、何歳になったら再婚は難しいとか、こんな男性がいいとか、こんな女性がいいとか、情報に惑《まど》わされないでください。人と比べることはありません。**一人一人、自分の人生は自分で切り拓けばいい**のです。

「この人に決めた！」と覚悟を決めたなら一緒になればいいし、「この人と別れることにした！」と宣言するなら決別する。もちろん相性も関係ありますが、最後に物を言うのは自分の覚悟です。たとえ失敗しても、自分で決めていれば「まあ、こんな失敗もあるよね」と笑い飛ばせます。

失敗したって軽やかに飛び越えられていけば、「ガッツがあるな。応援しよう」と神様も微笑んでくださいます。

まとめ

一緒に苦労できる相手を、覚悟を持って決める。

PART 5

価値観の根っこを清める「家族」の習慣

親から伝えられてしまった「負の価値観」を手放そう

家庭には、生まれ育った家庭と、自分が作る家庭の二つがあります。二つのうち、人間形成に大きな影響を与えているのが、生まれ育った家庭です。生まれ育った家庭には、親から子へと代々受け継がれてきた価値観の連鎖があります。

代表的な例だと、「男は仕事、女は家事」「いい大学に入って、いい仕事に就《つ》く」などがありますが、**お金の使い方やパートナー選びの条件、人間関係で抱えがちなトラブル、働く姿勢などにも、親の価値観は大きく影響しています。**

もちろん良い価値観も受け継いでいるのですが、残念ながら影響が大きいのは、魂の輝きを曇らせるような、負の価値観。親子関係を清めない限り、生まれてくる前に神様と相談して決めてきた本来の人生を歩むことが難しくなるのです。

✴負の価値観は、断ち切っていい

負の連鎖を断ち切る方法をお伝えしましょう。でもその前に、覚えていてほしいことがあります。それは、**親は悪者ではない**ということ。親からひどい仕打ちを受けた方もいるでしょう。しかし、両親は祖父母から、祖父母は曾祖父母から同じ価値観を受け継いでしまい、断ち切ることができなかっただけです。性格が悪いわけでも、悪人なわけでもありません。潜在意識に刷り込まれた負の価値観がひどい行動を促しているだけで、一族全員が負の価値観の被害者なのです。そんな負の価値観を断ち切るときには痛みを伴うので、「私が生まれる前に、親が断ち切ってくれればよかったのに」と親を責めたくなります。でも、負の価値観を次の世代に引き継ぎたいですか？　自分の子どもたちに同じような苦しみを味わわせたいですか？　そんなことはありませんよね。**気づいた人が、連鎖を止めるしかない**のです。負の価値観を捨てたら、本当に必要な価値観が入ってきます。勇気を持って断ち切りましょう。

負の価値観を手放すためには、自分が幼かった頃の親の言動について思い出してみます。父親の口グセは？　母親はどんな表情をしていた？　二人の関係は？　思い出すままに紙に書き出してみます。思い出せないときは、親に感じた怒りや悲しみ、恐怖、不安などのネガティブな感情が手がかりになります。例えば、「初めての学力テストで95点を取ったのに、『5点足りないね』と言われてショックだった」「私が落とした五十円玉を、母親が何時間もかけて見つけてきたときに恐怖を感じた」「父親はお酒を飲んでばかりで、かまってもらえず寂しかった」など。心がひび割れるような痛みが走りますが、めげずに書き出してください。

次に、自分が受け継いでしまったであろう価値観を推測して書いていきます。さきほどの例なら、「完璧を目指しすぎる」「お金への執着が強い」「男性への不信感がある」など。書き出したら、「完璧を目指さなくていい」「必要なものにお金を惜しまない」「男性を信頼する」など、**負の価値観をプラスに転換する行動指針を立てて、それに従って28日間行動します。**神様は、私たちが本当に変化しようとしているか否かを、28日間の月のサイクルをかけて見定めています。長年にわたり体に染みついてきた価値観を捨てるのは至難《しなん》の業《わざ》かもしれません。しかし、負の価値観を手放した暁《あかつき》には、神様からのご褒美が待っているのです。

親から理想的に育てられていれば問題ありませんが、ほとんどの人は価値観を再インストールする必要があります。再インストールは手のかかる作業になりますが、これまで執着してきた価値観を手放し、親との関係が清められると、憑《つ》き物が落ちたようにスッキリします。そして、他者を許せるようになります。

人を許すということ。徳を積むということ。神様やご先祖様に見守られているということ。そして、「あなたは大事な存在なんだ」ということ。本来、親が子どもに手渡せるものは、そう多くはありません。立派な価値観を受け継がなくても、最低限これらの価値観を伝えられれば、神様と決めた人生の流れに沿って生きていけるはず。**気づいたときから変えていく。**神様は変わり続ける人を応援してくださいます。

まとめ

負の世代間連鎖を、自分の代で断ち切る。

魂に刻まれた葛藤《かっとう》を浄化できるのは、あなたしかいない

運転中、突然隣の車線から1台の車が割り込んできたとします。どんな反応をしますか？　気にしない？　少しイラッとしつつも「仕方ない」と受け流す？　大音量でクラクションを鳴らす？　あおって付け回す？　窓を開けて、「ふざけんな、危ないだろっ！」と怒鳴《どな》る？　同じ出来事が起きても、反応は三者三様《さんしゃさんよう》です。

人は、幸せになるために生まれてきているので、たとえ嫌な出来事が起きても、なるべく水に流して前を向こうとします。しかし時として、「そんなに怒らなくても……」「落ち込みすぎじゃない？」「え、なぜそこで爆発するの？」と周囲も驚くほど

の、制御不能《せいぎょふのう》な負の感情が大噴火します。その引き金となっているのが、**潜在意識の影に身を隠しているインナーチャイルド**なのです。

✴インナーチャイルドは、子どもの頃の自分

インナーチャイルドとは、**人間関係、特に親子関係で傷を負い、葛藤を抱いたままでいる子どもの頃の自分**です。どんなに親子関係が良好でも、子どもが求める愛と親が与える愛は完全に一致しないので、誰の魂にも、「こうしてほしかったのに、してもらえなかった」という記憶が、傷となって残っています。

「子どもの頃のことだから」と軽く見て、傷を癒《い》やさずに放置していると、インナーチャイルドは「私に気づいて！」と大暴れして、人間関係に悪影響を及ぼすようになります。ある女性は、学校では教師に刃向《はむ》かい、職場では上司に難癖《なんくせ》をつけるなど、目上の人に牙《きば》をむく習性から抜け出せずにいました。困り果てた彼女は、インナーチャイルドと出会うために、昔の記憶をたどることにしました。

傷ついたインナーチャイルドを探すためには、遡《さかのぼ》れる限り最も古い親との記憶を思

い出します。幸せな記憶より、怒ったり泣いたりと、不満や葛藤を抱え込んで爆発しそうな子どもの頃の具体的な記憶を手繰《たぐ》り寄せます。

彼女がたどり着いた最も古い記憶は、2歳半の頃、母親が父親に殴《なぐ》られて倒れている場面でした。記憶の中の彼女は、「お母さんをお父さんから守りたい！」と怒りに震《ふる》えていたそうです。しかし、幼さゆえに叶わなかった。その葛藤が傷となって魂に刻まれ、今の彼女を突き動かしていたということがわかったのです。「だから私は、権力のある強い人に反抗してしまうんだ」と気づいた彼女は、人間関係がうまくいかない理由がわかり、ほっとした顔をしていました。

人間関係がうまくいかなかったり、不毛な恋愛ばかりしていたり、感情に振り回されたりしているなら、インナーチャイルドを見つける記憶の旅に出てください。そして、**傷ついて泣いている子どもの頃の自分を見つけて、「本当はどうしたかったの？」と聞いてあげてください。** もし、父親に抗議したそうに泣いているのなら、「弟が生まれた夜、病院の駐車場で、私だけを車に置き去りにしたでしょう。暗いし雨も降っていたし、すごく怖かった。寂しかった」と直接本人に伝えに行きます。親が亡くなっている場合は、当時の自分になりきって感情を紙に書き殴ったり、大音量の音楽をかけた部屋で大暴れしたりして、とにかく感情を思うままに発散します。

親によっては、「そんなことあった？」「親に向かって失礼な！」「そんなのお前の思い込みだ！」と反論や否定をしてくることもあります。しかし、親の反応は親が解決すべきものなので、振り回される必要はありません。応酬《おうしゅう》せず、声を荒らげず、子どもの頃の自分の手を引いて、淡々と気持ちを代弁してあげます。

つらい記憶を思い出すのも、親と対峙《たいじ》するのも、人の手を借りずに一人で行なってください。**あなたのインナーチャイルドを癒やせるのは、あなたしかいません。**かなりつらい作業になるでしょう。しかし、わんわん泣いている子どもの頃の自分を抱きしめて、傷を癒やしてあげてください。葛藤が消えていくと、心に春風が吹き抜けます。そして、いつもの悪いパターンから抜け出せるようになり、神様が与えてくださる幸せも、素直に受け取れるようになるのです。

まとめ　**インナーチャイルドを癒やす魂の旅に出よう。**

正しいと思い込まされている「価値観」から自由になる

遡れる最も古い親との記憶を癒やしたら、「こうしてほしかったのに！」と泣きじゃくっている子どもの頃の自分を、幼少期から現在に至るまで順を追って見つけていってください。そして、一人一人癒やしていきます。丸裸になって心身共にゆるんでいるお風呂の中や薄暗い寝室で、一人静かに記憶をたどっていくといいでしょう。ずいぶん骨の折れる作業になりますが、**あらゆる価値観の基礎を固めている親子関係を清めていくと、魂をきつく締め上げていた負の価値観から自由になれます。**そして、ぼやけていた焦点がピタッと合い、**思い込みや信憑性《しんぴょうせい》のない情報、押し付けられた**

価値観などに翻弄されなくなります。

不思議なもので人は、自分が頑《かたく》なに守っている価値観と同じものを、他者も背負っていると思い込んでいます。しかし、人は人、自分は自分。世代間連鎖によって異なる価値観が埋め込まれているのです。「あれ？　もしかしてこの価値観を大事にしているのは、私だけかもしれない」と自分に疑いの目を向けた経験は、誰の身にも覚えがあるでしょう。

いつの間にか作りあげていた自分だけの価値観

私は、「男はみんな、私を利用する」という独自の価値観を持っていました。この価値観を放っておくと人間関係に支障が出てしまうので、価値観が生まれた源流へと遡るため、インナーチャイルドを見つける記憶の旅に出ることにしました。

たどり着いたのは、ピアノの練習をしている幼い頃の私が、「音大に行ってくれ」と父から頼まれている場面でした。音大に行きたくても行けなかった父は、私の音大進学を望んでいました。当時は子どもですから、親の期待に応えたくて必死に練習していたのですが、ふと気づいたのです。「お父さんが楽器を演奏しているところを一度も見たことがない。何の楽器で音大に行こうと思ったのかしら」と。そこで父に、音大に行きたかった理由を尋ねてみると、明確な答えがありません。そのうやむやな態度を見てわかったのです。「ああ、父はピアノのレッスン代の元を取りたくて、音大に行って教師になれと私に言っているんだな」と。

純粋な思いを利用して、自分の思い通りに私を育て上げようとした父に対して、「親って、こうやって子どもを利用するんだ」と裏切りを感じた私は、いつしか「男はみんな、私を利用する」という価値観を作り上げてしまったのです。

赤ちゃんの頃は白紙だった魂に、親はどんな色を塗り重ねてきたでしょう。正しいはずなのに、守ろうとするたびにチクッと胸にトゲを刺す価値観はありませんか？世代間連鎖で受け継いできた価値観は、必ずしもすべてが正しいとは限りません。**頑なに守っている「正しさ」は、本当に正しいのでしょうか。**

魂に巧《たく》みに練《ね》り込まれてきた価値観の正体をつかむために、インナーチャイルドの旅に出ましょう。旅に出ると、「もっと理解のある親のもとに生まれたかった」と何度も絶望します。しかし、誰を親にするか神様と相談して決めてきたのは、私たち自身です。しかも人は、自分の魂を最も鍛《きた》えてくれそうな縁で結ばれた親を選んで生まれてきます。親子関係も縁ですから、悪縁《あくえん》で結ばれていると、親子関係には悩みがつきものになります。しかし、わざわざその親を選んで生まれてきたということは、それだけ魂が成長を求めているのです。悪縁という縁がどんな縁で、そこから何を学び、どの価値観を断ち切って、どうやって成長していくかを知りたくて、生まれてきているのです。**親子関係が荒れていると苦労が絶えないかもしれませんが、魂が成長する絶好の機会**です。

インナーチャイルドと出会って、「もう大丈夫、十分勉強したから、次の学びに進もうよ」と一人ずつ癒やしていってください。いつまでも同じ場所に立ち止まっていられるほど、人生は長くはありません。覚悟を決めて「正しさ」と向き合い、本当の正しい道へと進んでいきましょう。

まとめ　覚悟を決めて向き合えば、真に正しい価値観に辿り着く。

親子関係の呪縛から解き放たれる方法「内観《ないかん》」

肉体の成長、精神の成長、魂の成長。人は生まれる前に、自分を最も成長させる境遇を厳選して生まれてきます。なかでも魂の成長に必要不可欠な親子関係は、一生を通して学びと気づきを与えてくれるものです。**親子関係と真正面から向き合うと、自分が今世《こんせ》で歩もうと決めてきた道へ進む手がかりが得られます。**

親子関係を清めるには、インナーチャイルドの旅に出て、世代間連鎖により魂に刻まれてきた傷を癒やすと同時に、親から手渡された愛に気づく「内観」にも取り組んでください。すべての親は、できる限り精一杯の愛を子どもに伝えようとしていたはずです。どんなに未熟でも、乱暴でも、無茶苦茶でも、求める愛ではなかったとしても、**不器用に愛を伝えようとしていた**のです。

✴「親にしていただいたこと」を見つめてみる

親子関係の内観は、インナーチャイルドと同じく記憶を遡って行ないます。

①親にしていただいたこと
②親にお返しできたこと
③親にご迷惑をおかけしたこと

この三点について①から順番に、幼児の頃、小学生の頃、中学生の頃、高校生の頃……と現在に至るまでの記憶を追っていきます。

私は、内観の師匠のもとで、一週間かけて内観を行ないました。静かな部屋で壁に向かって一人で座り、目を閉じて、**「親にしていただいたことは何だろう?」**と思い出します。記憶をたどっていくと、「していただいたこと」よりも、「お人形が欲しかったのに買ってもらえなかった」「食事のときに延々と愚痴を聞かされて嫌だった」

「レストランに行ってお子様ランチが食べたかったのに、食べさせてもらえなかった」「テストでいい点を取ったのに褒めてもらえなかった」など、「親にされて嫌だったこと」ばかりが思い浮かびます。「何か思い出しましたか?」と1時間ごとに師匠に聞かれるのですが、「ありません……」と答えるばかり。1日経っても、2日経っても、記憶がぼんやりとしていて思い出せません。

そして迎えた3日目の夜。「突然の雨が降った日に、お母さんが傘を持って小学校まで迎えに来てくれた」という、今までまったく覚えていなかった記憶が蘇《よみがえ》った瞬間、ぼたぼたと涙が止まらなくなったのです。すると、その記憶が呼び水となり、「あれもしていただいた」「これもしていただいた」と、これまで忘れ去っていた親との記憶が、洪水のように頭の中に流れてきました。

都合のいいもので人は、他者にしていただいたことよりも、自分がしてあげたことや、されて嫌だったことばかりを覚えています。親からしていただいたことなど、「そんなの親なら当たり前」とすら思っています。しかし、ハッと目が覚めるような記憶を思い出したとたん、**自分がどれだけ愛され、大切にされ、慈《いつく》しまれてきたかに**

気づきます。そして、**「傲慢《ごうまん》」という穢《けが》れが魂から流れていく**のです。

そこで次に、二つ目の「親にお返しできたこと」を考え始めると、「テストで100点を取った」「いい大学に進学した」などと次々に思い浮かんで得意な気持ちになります。しかし、そこで師匠に問われるのです。「それはあなたがしたかったことですよね？　勉強していい大学に進学して、得をしたのは誰ですか？」と。そしてまた気づくのです。「もしかして、親にお返しできたことなんて、一つもないんじゃないか。むしろ、迷惑をかけてばかりだったんじゃないか……」と。

「親にご迷惑をおかけしたこと」を思い出す頃には、我欲《がよく》が削られ、客観的に物事が見られるようになります。**自分一人では生きられないという当たり前の真実に頭《こうべ》を垂《た》れ、生かされていることへの感謝が生まれる**からです。親子関係のお清めには、ガリガリと身が削られるような痛みが伴います。それでも果敢に清め続け、魂が本来の輝きを取り戻し、成長に向けて前進を始めると、神様も応援してくださるようになります。

まとめ

「親にしていただいたこと」への感謝が、人の心を変える。

親の介護や看取《みと》りで直面する苦しみと向き合う

若いから今は関係ないと思っていても、いつかはそのときがやってくるのが、親の最期。いくら**インナーチャイルドを遡っても、内観を極めても、介護や看取りの現実は、親との葛藤を最も燃え上がらせる因子になる**でしょう。嫌な思い出も、いい思い出も、すべてが一緒になってゴロッと出てくるので、感情も揺さぶられます。

50代になってから、私の周りでも介護を経験する人たちが増えてきました。介護は、どんなに頑張っても達成感を得られるものではありません。特に認知症になってしまった場合、その人が本当は何を求めていて、何に満足するのか要望を聞くのが難しくなるので、煮え切らない思いが募《つの》ります。それゆえに、周りから見れば十分やっているように見えても、「やれていない」「もっとできることがあるのでは」という思いは拭《ぬぐ》いきれないものなのです。

なぜなら、**満点の完璧な介護などない**から。70点できたら満点と思っていいくらいです。しかし、70点を取ろうと思ったら、自分の生活を捨てなければなりません。やりたいことも家族のことも、仕事も趣味も、自分の時間も全部脇に置いて、すべての力を費やしてボロボロになってやっと70点です。たとえ50点を取ろうと思っても、自分の家はほったらかしになってホコリだらけになるだろうし、他の家族にかまっている暇などありません。

私は、介護で疲れ果てている人には、「30点でいいんだよ」と伝えています。お金しか出せないならそれだけでもいいし、「早くこの状態から抜け出して、ラクになりたい」と思ったり、「もう嫌だ」という後ろ向きな感情を抱いたりしてもいいのです。これまでの生活を維持して自分の暮らしに軸足を置き、空いた時間にやれることをやるだけで十分合格です。

✳失う苦しみ、悲しみについて

介護を経て、親が亡くなったり、ペットが亡くなったりして区切りがつくと、ふと大きな罪悪感や後悔の波に襲われるときがあります。気持ちの整理がつくまでに早くても半年はかかるし、「私も死にたい」と2～3年嘆き続ける人も少なくありません。

しかし、人にだって、犬にだって、猫にだって寿命があります。それぞれの寿命は違うので、亡くした悲しみが深くても、生きている限り生きなければなりません。それに死は、次に転生する準備が整ったという合図で、亡くなった人にとって必ずしも悪い出来事ではありません。**生きている私たちにできるのは、「あとから私もそちらに行くので、待っていてください。今はここで頑張ります」という思いを胸に抱いて、死を淡々と受け入れるのみ**です。

自分の寿命も相手の寿命も変えられません。自分を大切にすることを忘れず、「今、私にできることは何だろう」と考え、介護に、そして自分の人生に向き合っていくことしか、人はできないのです。

日本古来の神道《しんとう》では、人は死んだあと、神様に見守られながら人生を振り返ると考えられています。善行《ぜんこう》も悪事《あくじ》もすべて目の前に並べられ、「こんな人生だったね」と時系列に振り返り、次に転生するときの反省点を洗い出します。そして、次の課題が明確になった人から順番に、生まれ変わりの準備を始めます。

介護や看取りを終え、残された家族にできることは、**亡くなった家族の次の転生の準備を応援するために、供養をすること。**いつまでも恨んでいる場合ではありません。後悔をしても過ぎた時間は取り戻せないし、将来を不安に思っても未来を覗くことはできません。今の連続で時は流れ、流れに乗って歳《とし》を重ね、一人ずつ順番に命を畳んでいくのが人生です。

親との関係を清めましょうとお伝えしてきましたが、完璧にできなくてもいいし、うまくできなくてもいいのです。それでも、「今しかない、やれるだけやろう」と腹をくって親と真剣に向き合えば、神様はその心意気を必ず見届けてくださいます。

まとめ　介護は30点が合格点。やれることだけやればいい。

子どもがまっすぐ育つ「いい親」の条件

人間形成に大きな影響を及ぼすのは、自分が生まれ育った家庭です。

曾祖父母《そうそふぼ》、祖父母、両親と、順番に受け継がれてきた負の価値観を断ち切り、受け取った愛情を再確認して感謝の気持ちを新たにすることは、自分の魂を磨くだけでなく、大人になってから自分で作り上げる家庭にとっても必要なのです。

親になるとどうしても、「この子を立派に育てなきゃ」「正しい方向へ導かなくちゃ」「私がいないと、この子はダメになる」と肩に力が入りがちですが、子どもに対して親ができることなど多くはありません。

両親に感謝し、ご先祖様に感謝し、神様に敬意を示して、謙虚に生きる姿勢を見せるくらいではないでしょうか。

それなのに油断すると親は、子どもを自分の所有物のように扱ってしまいます。しかし、子どもには子どもの人生があり、親は手出し口出しできません。親にできるのは、「こっちに進みたい！」と主張する子どもの魂の声に耳を傾けて、子どもの意志を尊重しながら、最小限の手助けをするくらいでしょう。

成人した子どもを心配するのは親のエゴ

40代後半から50代になると、子どもも成人していい大人になってきます。それなのに、まだ子どもの心配ばかりしている親がいます。

ある女性は、28歳の息子さんについて悩んでいました。中学生まで明るい子だったのに、高校生になってからは不登校になり、やがて中退。大検を受けて進学したけれど、大学も中退。「息子は昔から、私が『こうなったら嫌だな』と思っていることばかりするんです」と嘆いていています。「あなたが望んだ通りになっているからいいんじゃない?」と私が言うと、彼女はきょとんとした顔をこちらに向けました。

母親と子どもは、たとえへその緒《お》が切れていようと、子どもが成人していようと、太いパイプでつながっています。母親の心配は、父親が心配するのとはけた違いの速さで、瞬時に子どもに飛んでいきます。悪いことを考えれば考えるほど、子どもに不幸が降り注《そそ》ぐようになっているのです。

彼女のように、思い通りの人生を子どもが歩かないと嘆く親はたくさんいます。しかし、たとえ大学受験に失敗しても、それはその子にとって必要な経験であり、大学での勉強が必要なかったということです。その代わり、大学では出会えないような人に出会えるチャンスや、勉強よりも別の秀でた能力を見つけるきっかけが待っているかもしれません。それなのに、目先の結果で一喜一憂して子どもの芽を潰《つぶ》すなんて言《ごん》語道断《ごどうだん》。そもそも**親が子どもの心配をするのは、親のエゴ**でしかありません。

このような話をすると、彼女は「今日家に帰ったら、息子にこれまでの不徳の数々を詫《わ》びます」と反省していました。人生は気づいた人、行動した人の勝ち。彼女が詫びることで、親子の関係は必ずいい方向に変わります。「今からでも全然遅くないから、すぐに詫びるといいよ」と励まして彼女を見送りました。

成人した子どもに対して親ができることはただ一つ、信頼することです。「うちの子は結婚できないんじゃないか」「20代後半なのに定職に就いていない」と悩んでいる親はたくさんいますが、子どもの心配をする時間があるなら、自分の魂を磨いてください。

決して子どもにダメ出しをしたり、偉そうに説教するなんて不徳《ふとく》は積まないでください。子どもには子どもなりに神様と決めてきた使命があり、それをまっとうするのは子どもであって、親ではありません。

子どもが10代だろうが20代だろうが50代だろうが関係ありません。人生はいつだって修正可能。「あなたはあなたの人生を生きなさい。私は私の人生を生きるから」と**自分の人生をいきいきと生きる姿を見せ、「うちの子は大丈夫」と信頼することが、子どもの魂を磨くいちばんの近道**なのです。

まとめ

子どもは子ども、親は親で、別々の道を生きていく。

遠津御祖神《とおつみおやのかみ》にお守りいただくには？

神道では、人は亡くなったら遠津御祖神という神様になると考えます。遠津とは生きている人には見えない世界、そして御祖とはご先祖様のこと。**遠津御祖神とは、あの世から見守ってくださる、自分の魂にゆかりのある神様という意味**です。両親も祖父母も曾祖父母も、亡くなれば順番に神様になるのです。

遠津御祖神となったご先祖様は、近くの山や森、川や沢などの自然に溶《と》け込んで子孫を見守り、危機があれば助けに来てくださいます。成功者や運がいい人、神様にご贔屓《ひいき》されている人たちの中には、お墓参りを習慣にしている人が多いものですが、ご先祖様に見守られている感覚に優《すぐ》れているのでしょう。

お墓参りや先祖供養は、ご先祖様への感謝をお伝えする儀式です。ご先祖様が一人でも欠けていたら、自分という存在はこの世にありえません。ご先祖様が必死に生き抜いて命のバトンをつないでくださったおかげで、人は奇跡的に今を生きています。それなのに私たちは、生きているのがさも当然であるかのように振舞い、貴重な命を粗末に扱ったり、自分だけの力で生きているような勘違いを起こしたりして、ご先祖様への感謝を忘れがちです。

高慢な態度を捨てましょう。お墓の前で手を合わせ、命あることへの感謝をご先祖様に伝えてください。子孫に感謝されると、「死んでからも私の存在を覚えていてくれるんだ」「会いに来てくれてうれしい」「命をつないでよかった」「生まれてよかった」とご先祖様の承認欲求が満たされます。

そして、危機があれば難をはねのけたり、幸せの糸口をわかりやすい形で知らせてくださったりと、かわいい子孫の幸せを願って奔走してくださるようになります。

お墓参りや先祖供養は、仏教なら仏教、神道なら神道と、その家の宗派に則った作

法で行ないます。

もし、お墓やお寺、神社が遠方にある場合や、仏壇や神棚が家になくても、自宅で簡易にできます。まず、「中井家先祖代々の霊」などと短冊に書いて壁に貼り、ご先祖様専用のスペースを作ります。肉体を離れて霊的な存在となっているご先祖様は、ゆらゆらしたエネルギーを好むので、仏教ならお線香の煙、神道なら湯気をくゆらせましょう。そして、神社でお参りするように、「いつもありがとうございます」と感謝を伝え、「今日も頑張ります」と決意を表明し、「一日を無事に過ごせました」と報告するのを習慣にします。

不思議なことに、**先祖供養を習慣にすると、背筋《せすじ》がまっすぐ伸び、揺るがない自信が立ち上がってきます。** なぜなら、自分の命が先祖から受け継いだものであると同時に、未来の子孫につなげる尊いものであると気づくからです。そして、貴重な命を最大限に活かそうとする使命感が生まれます。「自分を大切にしなくちゃ」と頑張らなくても、毎日ご先祖様に手を合わせていれば、命を粗末に扱う気など一切起きなくなります。自分の命は、脈々とつながる大きな流れの中継地点。そう考えると、「生きているだけでも自分はすごい」と思えてきませんか？

先祖供養は、両親、祖父母、曾祖父母と、自分から近い順番に九代前まで届きます。九代となると相当な人数になりますから、不徳を積んだ人や悪人も少なからず存在するでしょう。また、自分から最も近い先祖である親が憎くて、供養する気が起きない人もいるかもしれません。それでもやっぱり、するのです。

罪人だろうが悪人だろうが先祖は先祖。何も良いものを残してくれなかったとしても、命だけはつないでくれたのです。数珠《じゅず》つなぎの魂が1カ所でも切れてしまっていたら、自分は存在しませんよね。それに、9代の中で一人でも供養の対象から外してしまうと、他のご先祖様にも供養が届かなくなってしまいます。

過《あやま》ちを許すには大きなエネルギーがいるかもしれません。しかし、許せるようになったとき、魂はもう一つ上の次元へと導かれるはずです。

まとめ　**ご先祖様に手を合わせる習慣を身につけよう。**

あなたの承認欲求を満たせるのは、あなただけ

「幸せ」の定義は人それぞれ違いますが、私は、**ただ生きている事実に幸せを感じ、自分で自分の魂を満たせる人が、最も幸せではないか**と考えています。

誰もが羨《うらや》むほどの収入を得て、豪邸を建てて高級車に乗り、欲しい物をすべて手に入れたとしても、「まだ足りない」「あれも欲しい」「これも欲しい」と欲望のままに刺激を求め続けていては、いつまで経っても幸せにはなれません。

人徳のある成功者の方に、「何をしているときが最も幸せですか?」と尋ねると、「家族と食事をしているときかな」とお答えになりました。人生において本当に大切

なものがはっきりしているのでしょう。幸せを感じるためにお金を払って物を買ったりサービスを受けたりしても、ゼロからイチの幸せを生み出す感性がなければ、どんな高級品だって使い捨ての消耗品にしかなりません。それでもやっぱり幸せを外に求めてしまうのが、人の愚かな一面なのです。

誰が私を認めてくれる？

子どもの頃に親から正当な愛をたっぷり受けて、幸せに溢《あふ》れた日々を送ってきた人は、多くを求めません。幸せを生み出す豊かな感性と心の余裕を持っているので、困っている人や助けを求めている人がいれば、さっと手を差し伸べる徳の高さもあります。

一方で、親に十分に抱きしめられた記憶がないと、わざと目立つような発言をしたり、派手な行動を取ったりして注目を集めたり、賞賛を独《ひと》り占《じ》めするために手段を選ばず人を蹴落《けお》としたり、「これだけやってあげたんだから褒めてよ」と見返りを求めたりと、周囲を巻き込んでまで承認欲求を満たそうとします。

何をしなくても、何かにならなくても、ただ生きているだけで価値があるという究極の承認は、生まれる前に神様と一緒に決めてきた道を、ぐんぐん進む子どもの姿を、親が認めることから始まります。

邪魔されたり、余計な口出しをされたり、親のエゴを投影されたりせず、**「この子なら、自分の足で歩いていける」という絶対的な信頼と承認を親から手渡されるだけで、子どもは一生、安心感に包まれながら生きていける**のです。

自分の承認欲求を自分で満たせるのが、自立した真の大人です。もし、承認欲求を外に求めて、依存的な恋愛をしたり、他者を攻撃したり、自分を苦しめるほどの重い自己嫌悪を背負ったりしているのなら、**人助けをする前に、自分を癒やしてください。**親から得られなかった承認を、自分で自分に与えてあげるのです。

「やってあげた」という満足感や、「感謝された」という見返りが欲しいばかりに、他者にすがっていませんか？　物足りなさを偽善《ぎぜん》行為で埋めるのは不徳を積む行為なので、神様にも「不届《ふとど》き者《もの》」として認識されてしまいます。自己満足のための人助けをするくらいなら、まずは自分を助けてあげてください。

幸せを決めるのはあなた自身

　幼少期がめちゃくちゃだったと文句を言ってわめいても、今は大人。傷ついた過去を癒やせるのは自分しかいません。根深い傷が残っているなら特別な支援を受けるのも手ですが、私たちには自分で自分を癒やす力が備わっています。心の闇は深いかもしれません。しかし、勇気を出して闇に挑み、光を射し込めるようになれば、世界を見る目が変わります。なぜ自分にこの問題が起きたのか、なぜこの人と出会ったのか、なぜ自分は生きていて、何をして生きていけばいいのかが、客観的に見えるようになるのです。

　進むべき道を決めるのも自分。幸せの定義を決めるのも自分。親でも他者でもなく、手さぐりでもいいから自分で自分を承認して成長していくしか、神様にご贔屓されるの手段はないのです。

まとめ　**承認欲求を満たせるのは世界に一人、自分だけ。**

PART 6

天と地の神様とつながる「内在神」の習慣

自分の内側に眠る「内在神《ないざいしん》」を磨くには？

悩みがあれば外に解決方法を求め、人間関係がうまくいかなければ相手を責める。失敗したくないから行動せず、棚からぼた餅が落ちてくるのを待っている。……ちょっと待ってください！　自分の外に答えや恩恵を求めてばかりでいいのでしょうか？　**自分を信じて、自分の足で生きていきたいとは思いませんか？**

これまでの章では、神様のご贔屓帳《ひいきちょう》にリストアップされるべく、穢れを祓い、身を清め、至らなさを反省して、日々の習慣を変えるご提案をしてきました。しかし、神様は自分の内側にもいます。そう、実は**私たち人も、「天の神」と「地の神」の間に**

立つ、「人の神」という神様なのです。

不安なときやうまくいかないとき、神様に助けを求めることもあったでしょう。しかし、日本人は一人一人が神様の末裔《まつえい》です。自分のルーツをどんどん遡《さかのぼ》っていけば、必ず八百万《やおよろず》の神様のどなたかにたどり着きます。誰だって、生まれながらにして神様。善なる存在なのです。

✴内在神を磨けるのは自分だけ

自分の外にご利益を求めなくても、内側に眠る**「内在神」が目を覚ませば、大いなる力によって人生が自動操縦で動き出します。**と言っても、ラクをして生きられるようになるとか、大金持ちになるとか、すべてが思い通りになる、というわけではありません。自己信頼感が生まれ、生まれる前に自分で決めてきた人生を、一歩一歩確実に進んでいけるようになるのです。

不安や障害が霧散《むさん》するわけでも、嫌いな人が目の前から消滅するわけでもない。でも、「これでいいんだ」という自信がふつふつと湧いて、「やってみよう」という勇気が出てきます。**何が起きても自分の力で乗り越えられるようになる**のです。人生は選択の連続。自分以外に自分の内在神は磨けません。

内在神の正体は御霊《みたま》、つまり魂です。**内在神が発動するためには、曇《くも》った御霊をピカピカに磨くのが近道。**では、どうやって磨くのかというと、カガミに自分の御霊を映します。神社や神棚にはカガミが祀《まつ》られていますが、映しているのは、我を張って周りを見ず、曇って、汚れて、穢《けが》れた自分の御霊。どれだけ汚くて、せこくて、ずるくて、いじわるで、卑怯か……。御霊から目をそらさず、徹底的な自己否定をしてください。自分の愚かさを直視するのは苦しいものですが、これぞ禊《みそ》ぎ。薄汚れた自分の身を削《そ》げば激痛が走るのは当然です。しかし、どんなに御霊を磨いている人だって、穢れを祓《はら》うのをさぼればたちまち元通り。部屋のお掃除と一緒です。それに、すべての穢れを祓いきろうと思ったら、一生かかっても時間が足りないものです。

それでもあきらめず、穢れを祓って身を清めようとする姿を神様は見ています。覚悟を決めて「カガミ」に映った「ガ」を削いでいく人だけが、「カミ」になれるということなのです。

あの人も、この人もみんな「神様」

自己否定の禊ぎをして、ガリガリ身を削いでゴシゴシ磨けば、やがて御霊はつるつるに輝く本来の姿を見せます。愚かな自分を徹底的に否定した先に、「でも、私ってこういういいところもあるよね」という希望が見えてくるのです。すると、内在神がパチッと目を覚まし、天地人が御霊を通して一つにつながります。そういう人が増えれば、日本中が善の気で満ちていくのは言うまでもありませんよね。

忘れてはいけないのは、自分だけが神様で、自分だけが特別な存在だと思い込む愚かな選民意識を捨てること。**自分も神、人も神、あなたの好きな人も神、嫌いな人も神です。自分だけが特別じゃない。**そこでも、ここでも、あそこでも、内在神が服を着て歩いている。それが日本なのです。自分も、そして人の内在神も認められる人を、神様はご贔屓します。

まとめ　**自分も「内在神」という神様であると信じる。**

陰には陰の、陽には陽の幸せがある

天地人《てんちじん》の三才《さんさい》が揃って内在神が発動すると、大金持ちになったり、社会的に重要な地位に就いたり、富や名声を得たり、運命の恋に落ちたり、爆発的に能力が開花したり……というきらびやかな展開も皆無ではありませんが、内在神が発動したすべての人が、華《はな》やかな未来を手に入れるとは限りません。

むしろ、人生が静かで穏やかで落ち着いてくる人のほうが多いもの。もちろん、嵐に巻き込まれて波風が立つ日もありますが、**「なんとかなる」と運命を信じられるようになります。名誉欲や承認欲求にも振り回されなくなります。**

地味だけど満ち足りていて、何があっても心穏やかでいられる人生と、山のような不安を抱えた億万長者になる人生、あなたならどちらの人生を選びますか？

✦誰にでも不安はある

内在神の正体は魂、つまり御霊ですから、**御霊が磨かれれば、生まれる前に神様と決めてきた今世《こんせ》での課題が明確になり、自分に与えられた運命と冷静に向き合えるようになります。**だからと言って、いつもどんな場所でも誰の前でも自信満々に振舞える……ようにはなりません。

悩み事があるたびに、「中井先生に話を聞いてほしいから、とにかく会いたい」と駆け込んでくる女性がいました。その女性に、「あなたには、私に相談しなくても自分で悩みを解決する力があると思うんだけど、どうしてそんなに相談したがるの？」と聞いてみると、しばらく考えてこう答えました。「私は自分に自信がないから、中井先生のような自信のある人の近くにいれば、私にも自信が生まれるんじゃないかと思っているんです」と。

自信満々に威勢よく、「私の人生には一点の曇りもない！」と主張したり、ブログやSNSで充実した生活を発信したりする裏側には、漠然とした不安があるのではないかと私は考えています。自分は間違っていないと確認したいがために承認を外に求める行為は、欠けた自信を一時的に埋めるには最適の方法です。

しかし、**不安や障害のない人などいません。**私だっていつも不安です。地位や名声を得ている人だって、不安が頭をかすめない日など、1日もないでしょう。生きていれば誰だって、大なり小なり不安を抱えているものです。それでも一歩踏み出して、ほんのわずかでも自信が身についたらいいなと願って、歯を食いしばって生きているのです。

講演会やセミナーを終えたあと、私に声をかけてくださる方たちがいます。ある女性は、顔を合わせるなりぽろぽろと泣き出してしまいました。きっと会場に足を運ぶのも精一杯だったのでしょう。その女性は、「暗い性格を変えたい」と涙ながらに訴えます。私も、師匠から「お前は本当に暗いやつだな」とあきれられるほどの陰の気の持ち主ですから、「暗い性格を変えたい。誰とでもすぐに打ち解けられるような、天真爛漫《てんしんらんまん》な人になりたい」という切実な願いには覚えがあります。しかし、陰の比重が大きい人、陽の比重が大きい人など、陰陽の割合は生まれる前から決まっています。陽の要素がまったくない極陰の人もいれば、その逆の人もいます。

陰の気が強い人は、「そんなに暗いと運気が離れていくよ。もっと前向きに、元気を出して、気分を上げて！」と励《はげ》まされがちですが、**陰の気が強いのが理由で神様に見放されるなんて理不尽なことはないので安心してください。**陰には陰なりの幸せがありますし、無理やり明るく振舞ったって、内在神は喜びません。毎日ワクワク、ドキドキ、きゅんきゅんするだけが人生ではないのです。

暗くたって、内在神が整えばその人なりの幸せの形が見つかります。それに、たとえ陰気でも、暗い過去を乗り越えた事実は御霊を輝かせますし、それだけ人としての厚みが増すと思いませんか？　**御霊の個性は人それぞれ。**自分の生き方だけに集中していれば、やがて内在神の声が聞こえるようになるでしょう。

まとめ

地味でも暗くてもいい。内在神の性質は、人それぞれ。

身を引き裂かれるような不幸に遭ってしまったら

私には過去に、重いうつ病になって身動きがとれなくなり、茫然自失《ぼうぜんじしつ》でソファにもたれていただけの2年間があります。離婚をして子どもと二人暮らしだったので、生活の糧《かて》は自分で稼《かせ》がないといけません。けれど、ひとたび横になったら最後。まるで鎧《よろい》を身にまとっているかのように体が重くて持ち上がりません。頭につながっていたコンセントが全部いっぺんに引き抜かれたかのようで、思考も会話も心許《こころもと》無《な》くなり、人との縁もぶちぶちと切れていきました。当然貯金も底が見えてきます。今思うと、これぞ禊《みそ》ぎの時期だったのでしょう。

時として神様は突然に、仕事もお金も愛も家族も友情も健康も、持っている一切を取り上げるときがあります。それはなぜか。**内在神が求める生き方とあまりにもかけ離れた生き方をしているときに、「その生き方は違うんじゃない？」と軌道修正をさせるために、強制終了の采配《さいはい》を振るから**です。

✴ 神様からの合図「外応《がいおう》」

神様は、内在神が求める運命を順調に進んでいるとき、反対に、大きく逸脱《いつだつ》してしまっているときに、合図を発信します。この合図を「外応」と言います。

例えば私の場合なら、うつ病の時期に読んでいた、ある著名な鍼灸師《しんきゅうし》の方の書籍を頼りに鍼灸院に駆け込んだら、施術ベッドの横に、その書籍の一文が書かれた紙が貼られていて、偶然の一致に心が救われたという経験がありました。また、夫の浮気が発覚した女性は、「そういえばここ数年、麻里子という名前の女性とよく出会うなぁと思っていたんですが、なんと夫の浮気相手の名前も麻里子だったんです！」という外応を受け取っていました。

私の身に起きた強制終了も、神様からの「今のままではいけません」という外応だったのでしょう。それがわかっていたので、自分の体さえ自由に動かせない絶望的な状況ではありましたが、悲劇の中に閉じこもってしまうのだけはやめようと、なんとか心を保っていました。たとえどんなに八方ふさがりだって、神様は絶対に天に通じる扉を閉め切ったりしない。必ず希望の手を差し伸べてくださるはずだ。**人生で「大事」と言われている約束事のほとんどを忘れてしまっても、「希望を失わない」という信念だけは、最後まで忘れずにいた**のです。

大病や没落、一家離散に大借金。神様からのご指名を受けて奇跡のような使命をまっとうする人の多くは、命を奪われそうになるほどの大困難を切り抜けています。紙一重で命をつないで今がある。崖っぷちから復活して大成しているのは、神様が与えた紙一重ならぬ、神一重の希望を信じ抜いたからです。

同じような苦境に立たされたとき、「なんで私ばっかり」と不幸を感じる人と、「この苦境にはきっと意味があるんだ」と耐え忍ぶ人とでは、結果が変わってきます。私に内在神とのつきあい方を指南してくださった師匠の一人は、**「清明《せいめい》正直《しょうじき》に生きよ。**

そして忍辱《にんにく》から逃れるな」と教えてくださいました。晴明正直とは、御霊の穢れを祓い、心身を清め、内在神に従って正直に生きよという意味で、忍辱とは、苦しみから目を逸《そ》らさずに、心を見つめて動ずるなかれという意味。

神様は、生きる姿勢に筋《すじ》が通っているかを試すように、気まぐれに試練を課します。「もうダメだ」とあきらめたり、自暴自棄《じぼうじき》になって御霊の穢れを祓わなくなったりしたらそこまで。**突発的な大困難に遭遇《そうぐう》しても、「生きたい」と必死に乗り越えようとする人を、神様は選びます。**

今まさに、崖っぷちにじりじりと追いつめられていたとしても、希望を失わないでください。**苦境は神様からの試験、喪失は御霊の大掃除、復活は内在神の発動です。**

神様は、みなさんが思っているよりも厳格です。しかし、それだけではありません。本気で内在神の存在を信じ、暗闇にも一筋の光が射すと希望を捨てない人には、必ず最後に手を差し伸べてくださいます。

まとめ　どんな苦境に立たされても、希望を手放さない。

「幸せ」は感じる能力に支えられている

自分の心身を通じて天地人《てんちじん》の神様が一直線につながっている感覚が得られるまで御霊を磨けば素晴らしいですが、そこまで到達しなくても、自分なりの幸せを感じて、定められた自分の運命を受け入れ、素直に生きていけるようになれば、穏やかに生きていけます。

素直とは、素に直るという意味。つまり、**御霊の声なき声に従って生きるという意味**だと私は考えています。生まれたばかりの赤ちゃんは、純粋無垢《じゅんすいむく》で素直です。しかし人は、成長につれて本来の道筋から少しずつ外れ、御霊の輝きが曇りがちです。これは生きていれば自然なことなので、何度でも磨き直すしかありません。**自分の御霊に従う素直さは、一生を通じて磨き続けるもの**なのです。

✴「幸せ」は自分の選択に満足し、感じるもの

素直な姿勢を崩してしまうと、運よく天の扉が開いたとしても気づけなくなります。**素直は幸せを感知する土台。御霊を清める秘薬**です。幸せは、感じる能力に支えられています。

ある男性は、日本でも有数の高い偏差値の大学を卒業して、一流企業に勤めていました。誰もが羨《うらや》むような華々しい人生を歩んでいます。しかし本人は、「上には上がいるし、私以上の能力者は星の数ほどいる。自分は落ちこぼれだ」と嘆いてばかりで、著《いちじる》しく自信が欠如しています。

人と自分を比べてしまうと、幸せを感じる能力は急速に退化していきます。同じ旅に出ても、「体を伸ばして寝られれば十分」とビジネスホテルで満足できる人もいれば、「せっかくの旅なんだから、ちょっと奮発して豪華な旅館に泊まってみよう」と

いう人もいます。どちらが優《すぐ》れていて、どちらが劣《おと》っているわけではありません。**自分の選択に満足して、幸せを感じられているなら、それで十分**なのです。人と比べ始めたらきりがありません。

私もかつては、運にも人にもお金にも恵まれていて、欲しいと思えば何でも手に入り、容姿も人格も優れている人に出会うと、大きな劣等感に押し潰されそうになっていました。「明るくて美人だし、すべてが順風満帆《じゅんぷうまんぱん》。絶対に仲良くなれない」とひがんでいたのです。

しかし、外からはわからないだけで、そういう人にも悩みがあるし、幸せの形は人それぞれ。**私にだって幸せはあるし、悩みもある。良し悪しなんてないし、勝ち負けもないんだ**と気づいてからは、劣等感が徐々に消えていきました。

自分には自分の幸せがあるのだから、人と比べなくてもいいと納得するためには、自分が今手にしている幸せを、机の上に一つ残らず並べて眺めてみます。どんな小さな幸せでもいいので、否定せず、選《よ》り分けず、評価せずに並べていきます。きっと、予想した以上の幸せが見つかると思います。「私って、意外と幸せかもしれない」「私の人生、捨てたもんじゃないわね」と胸を張りたくなるような、すがすがしい気持ちになるでしょう。ないものねだりを増幅させても不毛です。**あるもの、足りているもの、備わっているものに気づく能力が、御霊を磨きます。**

幸せの感度を上げるには？

日本に生まれてきただけでも、十分に満たされています。日本人は、不本意な出来事が起きても水に流そうとしますし、厳しい規律を定めなくても調和を保とうとします。迷惑をこうむったって最後には相手を許そうとします。

幸せが足らないと嘆くなら、徳を積んでください。自分が人のためにできる善行《ぜんこう》を積み重ねていくのです。徳を積んでいると幸せにも気づきやすくなりますし、御霊も磨かれ、内在神もむくむくと力を蓄えていきます。**派手でも豪華でも華々しくなくてもいい。自分の幸せは自分だけが知っていればいい**のです。

まとめ　幸せを他人と比べない。手にしている幸せを数えてみよう。

不運を好転させる「言霊《ことだま》の力」

かつての私の口ぐせは「もう歳だから」でした。なんと30代の頃から、「私は若くない」と嘆いていたのです。そして、「でも」「だって」「どうせ歳だから」と自分の運命を呪ってばかりいました。人生が好転しない理由を年齢のせいにして、悲劇のヒロインにでもなったつもりだったのか……愚かでした。

いつまでも変化を拒《こば》んで行動しない私にしびれを切らしたのでしょう。ある日、ついに師匠から厳しいお叱りを受けました。**「お前はそうやって悩んでいるのが好きなんだな。じゃあもっと悩めばいい。言い訳してグチグチ不満を言って、一生不幸を好**

きでいろ。そしたら神様はお前の望み通り、どんどん不幸を授《さず》けてくださるから！」。

頭をガツンと殴られたような衝撃が走りました。

口ぐせで運命が変わる

愚痴をこぼしても不運な状況は変わらない。心を入れ替えて行動すれば御霊は磨かれ、やがて現実は好転していくはず。それでも愚痴を言うのがやめられないのは、愚痴を言うのが好きで、不幸な出来事に巻き込まれるのが好きだからです。「そんなことない。不幸なんて大嫌いだ！」と反論したくなるかもしれませんが、それでも目の前にいるのは、終わらない愚痴をこぼし続ける自分。言葉は現実を作り、運命を左右します。なぜなら、自分の口から出た言霊は、御霊に直接働きかけるからです。

不平不満や愚痴、悪口や罵詈雑言《ばりぞうごん》はもちろん、気分を下げるようなじめじめした言葉を口にすると、御霊がんどん穢れていきます。御霊が穢れてしまうと、曇りガラス越しに世界を覗くようになり、現実が歪んで見えてきます。そして、内在神とつながるチャンスが訪れても、見過ごしてしまうようになるのです。

不運ばかりが降りかかる毎日を変えたいと願うなら、口ぐせを変えてください。自分の口ぐせがわからないなら、恥を忍んで周りに聞いてみるとわかります。自分を不幸にする口ぐせは、周りにも不快感を与えるものですから、聞けば教えてくれるはずです。

「暗いやつだ」と師匠に言われ続けた私ですが、今も暗いと自覚しています。でも、昔とは比べものにならないくらいの幸せを享受《きょうじゅ》しています。なぜなら、**「言葉を変えろ、そして不幸を好むのをやめろ」という師匠の教えを守っているから**です。

私には、「もう歳だから」のほかに、「死にたい」という強烈な口ぐせもありました。幼少期からの口ぐせなので、なかなか直りません。ふとしたときに、ぽろっと口からこぼれてしまいます。そこで、どうしたものかと考えて、「直らないなら打ち消せばいいんだ!」とひらめきました。「死にたい」と言ってしまったあとに、「でも生きたい、生きてやる!」と打ち消します。「もう歳だから」のあとにも、「でも今日が人生でいちばん若い日だった!」と付け足す。**習慣を変えるのが難しいなら、工夫をして口ぐせを変換していけばいい**のです。

それに加えて、絶望的な状況のときこそ、「幸せだな」「豊かだな」と唱《とな》え続けるようにしています。離婚をしたり、突然無職になったり、起き上がれないほどの重いうつ病になったときも、この言葉だけは1日1万回唱え続けていました。なぜなら、**耐えがたい不運に見舞われるのは、神様から試されているから**です。

神様は、不運にある人がどんな言動をするかを見ています。もし不運に押し潰されたらそれまで。でも、暗闇の中でもどこかに希望の光があるんじゃないかと信じて行動する姿を見せると、「この人は、どうやら見込みがありそうだ」と手を差し伸べてくださいます。

神様は、行動せずに神頼みばかりする人には見向きもしませんが、**もがき苦しんででも生まれ変わろうとする人には振り向いてくださいます。**不運なときこそ前向きな言葉を口にしましょう。そして、不幸ではなく幸せを好きになってください。すると、神様から「見込みあり」の判子を押してもらえるはずです。

まとめ　不運なときこそ、前向きな言霊を使って御霊を磨く。

御霊を磨いた先に現れる「注意しなければならないこと」

愚かで卑怯な自分から目を逸らさずに穢れを祓い、御霊を磨き、徳を積んでいくと、だんだんと恍惚《こうこつ》とした領域に入っていきます。掃除が行き届いた部屋の居心地がいいように、自分の内側に清浄《せいじょう》な空気の広がりを感じてうっとりしてくるのです。遠慮は不要ですから、美しさに磨きをかけていってかまいません。しかし、ここに一つの落とし穴が仕掛けられています。

御霊を磨いていくと、ある日ふと、「もしかして私って、大いなる存在の生まれ変わりじゃないかしら」「『今日からあなたは神様のおつかいとして、人のために生きなさい』という声が聞こえた」「神の領域に達したんじゃないか」「悟りをひらいたかもしれない」という、刺激的なひらめきが頭の中をかけめぐるのです。しかし、ここが要注意ポイント！　**「私は神様に選ばれし特別な存在なのではないか」という邪心《じゃしん》ほど、魔が好み、神様が嫌うものはありません。**

✴恍惚感から生まれる邪心が「魔の領域」へといざなう

人は誰しも、選ばれし特別な存在です。他の誰かより自分が抜きん出て優れているなんてありえません。**あの人も、この人も、その人も、「精一杯生きなさい」と神様に命を手渡されてきた特別な存在**です。それなのに、少し御霊を磨いただけで「特別に優れた人」にでもなった気で、愚かな選民意識を誇示《こじ》するようになると、神様の逆《げき》鱗《りん》に触《ふ》れます。

古神道では、魔の領域に足を踏み入れ、「私は神様の生まれ変わりなんだ」「偉大な力を操《あやつ》れるんだ」と我を見失っている状態を、**「結びがほどけている」**と言います。御霊は一つの魂で成り立っているのではなく、五つの霊が結びついて一つの形を成しています。美しく磨かれた五つがぴったりと合わさっていると、内在神が発動すると考えられているのです。しかし、優越感や選民意識は、その結びをバラバラにほどいてしまいます。

「私は神の生まれ変わりだ」「霊が見える」「声が聞こえる」「前世《ぜんせ》がわかる」「透視できる」と怪《あや》しく謳《うた》う人には近づかないことです。魂に磨きがかかるほど神様にご贔屓されるようになりますが、その輝きを狙って、闇に引き込もうとする魔の吸引力も大きくなるのでご注意ください。巻き込まれて我を見失っている状態を「闇落ちしている」と言いますが、闇落ちすると、せっかく磨いた御霊は曇り、徳の貯金もあっというまに底を尽きます。〝見える人〟や〝聞こえる人〟もいるかもしれません。しかし、たとえ見えるとしても、公言したときの影響力を考えれば、魂がきゅっと結ばれている人ほど、ふだんは能力を隠しているはずです。

「私は偉大な存在なんだ！」と声高に主張しなければならないのは、**刺激的な言葉を使って他者の気を引かないと、自分の承認欲求が満たされないから**です。そんな闇落ちしている人の戯言《ざれごと》にはつきあっていられません。

無知は諸悪の根源

無知は諸悪の根源です。自分だけが特別な存在だと優越感に浸《ひた》っている人は、すべての人に等しく内在神が存在するという事実を知らない残念な人。選民意識を振りかざして、**「私を敬《うやま》え」と扇動するのは、おぞましいほどの不徳《ふとく》**です。扇動までしなくても、**「あの人は私より劣っている」と人を卑下《ひげ》するのも不徳**です。

大嫌いな人にだって、殴りたいほどの憎らしい親にだって、仕返しをしたいあの人にだって、内在神は隠れています。迷惑や危害を加えるようになってしまったのは御霊が曇ってしまったからで、生まれたての赤ちゃんのときは、純粋で善なる存在だったはず。人に優劣はないのです。**邪魔せず、干渉せず、人は人、自分は自分の御霊を磨くことだけに集中しましょう。**そうすれば、邪《よこしま》な勘違いも生まれないはずです。

まとめ

自分だけが特別だと感じ始めたら要注意。人はすべて特別な存在です。

心の支えが欲しくなったときこそ、地に足をつけて生きる

「私の人生、どうもうまくいってないな」と思ったとき、運気の風向きを変えるために、開運術にぱっと手を伸ばしがちです。招福を謳った縁起物を購入したり、ご利益を求めて神社やパワースポットを巡ったり……運が上がるという情報に飛びついてしまいます。しかし、**神様にご贔屓されるために最優先すべきは、心身と身辺の環境を清めること。**そして、**魔からの甘いささやきにそそのかされても、ぐっと堪えること。**誘惑を断《た》ち切って身を清め続ければ、よっぽどの不徳を積まない限り、穏やかな毎日を過ごせるはずです。

そのうえで、さらに徳を積んで周りの役に立ち、最後に手をつけるのが、神様に敬意を払い、礼儀を尽くすという意味での開運術です。

運気を上げて、どんな幸せを手に入れたいですか？　「幸せになりたい」という願いは、人の根源的な欲求です。ただ、幸せほど漠然とした願望もありません。ため息をつきながらつぶやく「幸せになりたい」という言葉は、裏を返せば「今は幸せじゃない」とつぶやいているようなものです。

幸せを実感している人は、自分にとってどんな状況が幸せなのかが明確です。神様だって「幸せになれますように」とお願いされても、その人にとって何が幸せかがはっきりしなければ、叶えようにも叶えられません。

✴青い鳥はどこにいる？

「何かいいことないかな」と寄り道をして、まるで青い鳥を探すかのように「ない、ない、ない」と幸せを求めてさまよっている御霊は、魔から見れば格好の餌食《えじき》です。光が鈍《にぶ》った御霊を抱えてふらふらさまよっていると、「いい話があるんだけど、どう?」「これを持っていると神様と交信できるよ」「霊界とつながれる人がいてね」「これだけお布施《ふせ》をすれば、今世で輪廻《りんね》を終えられるよ」と、いとも簡単に神様とつながれるかのような魔術の闇に、スポンとはまってしまいます。

神様の世界や霊界を覗《のぞ》くなんて畏《おそ》れ多いこと。生きている人は、七色見えればそれでいいのです。**今あるものを見て、今あるもので満足するのが、人としての道理**です。肉体を持たなければ見られない美しいもの、おいしいもの、癒やされる音、芳香、肌ざわりを、神様はこんなにもご用意くださっているのに、それらを横に追いやって、架空の世界だけを信奉するなんて、もったいないことです。

地に足をつけて生きましょう。足の裏から大地につながる根っこを太く持ってください。そのためには、神社にお参りして一心不乱に願掛《がんか》けをするのではなく、毎日の生活をただひたむきに送るのです。あっちの神社、こっちの神社と毎日神社巡りをする時間があるのなら、その情熱を自分の身を清める善行に費やしてください。生活の拠点である家や職場、学校をピカピカに掃除する。良縁を結ぶ仲人《なこうど》になる。人のお役に立てるように心を尽くして働く。好循環の中でお金を使う。終わった恋を浄化して、覚悟を持って結婚をする。「親にしていただいたこと」に感謝して生きる……。これまでご紹介してきた、**神様にご贔屓される習慣を、素直な心で粛々と実践していけばいい**のです。

くれぐれも魔の誘惑には引き込まれないようにしてください。世の中は寸善尺魔《すんぜんしゃくま》ですから、どこかに所属したり、依存したいという心の弱さに漬け込む罠《わな》は、そこかしこに仕掛けられています。

人は支え合って生きているので、少なからず何かに依存して生きています。その依存がお互いにとって心地いいものであれば問題ないのですが、違和感があったり、すがってしまっているようならば、勇気を持って手放してください。

すがるとたかられます。**すがらず、頼らず、依存せず。自分の御霊が定めた人生だけに集中していればいい**のです。自分を律するのは容易ではありませんが、大丈夫。必ずできるはずです。

まとめ

すがらず、頼らず、依存せず、幸せは自分で決める。

「道がつく生き方」を追究し、過程を楽しむのが人生の喜び

御霊を磨くというのはつまり、「私が私が」と我を張らないということです。

自分だけが得をしようとするあさましさや、虚栄心を捨て去るのです。意志とは関係なく湧き出す欲望を内観して流していきましょう。……と言葉にすれば簡単ですが、実践し始めると、己の御霊の汚さに愕然とします。それでも磨き続けるのが、人の生きる道です。

遠方に出張したときのことです。ちょうどいい機会だったので、かねてから参拝したいと思っていた神社を訪れる時間を作りました。タクシー乗り場で順番待ちをして

いると、突然男性に話しかけられました。「あんた、神社に行きたいんやろ。タクシー乗らんでもバスならすぐ着くから、バスで行ったらええ」。親切に案内してくださったので、タクシーをやめて早速バスに乗り込むことにしました。

ところが、30分経っても到着せず、バスはどんどん山奥へ。不安になって運転手さんに尋ねると、「神社は方向が真逆なので、ここで降りてください」と言われ、ポツンとバス停で降ろされました。住民も車の姿も見当たらずおろおろしていると、向こうから、奇跡のように一台のタクシーが走ってきたのです。

導かれるように訪れた位の高い神社

必死に止めたタクシーに乗り込んでほっとしていると、ふと、「もしかして、あの山奥には別の神社があったのでは?」となぜか思いついて、運転手さんに尋ねました。すると、地元の人しか知らない神社があるというのです。これも何かの縁と思い、翌日、その運転手さんに案内してもらう約束をしました。

翌日、再び山へ。到着した神社は、知る人ぞ知る位《くらい》の高い神社でした。宮司《ぐうじ》さんは数年前まで教職に就《つ》いていて、引退後に退職金を投じて神社を再建した徳の高い方です。話が盛り上がると、「この山のてっぺんに奥社《おくしゃ》があるから行くといいよ。そこにお参りに行って願いが叶った人はいっぱいいいるんだから」とのご提案。「何でも願いが叶うなら行く！」と張り切って山を登りながら、「どんなお願いにしようかな。もっと仕事が広がって、じゃんじゃんお金が入って来るっていうお願いもいいし、書籍がもっと売れて、二冊、三冊と出版できるようになるっていうお願いもいいなぁ」と欲望が次々に溢れてきて、わくわくしていました。

やっとの思いで頂上に着いて、「よし、お願いするぞ！」とご神体《しんたい》である岩に手を触れた瞬間のことです。**頭の先からつま先まで一気にざーっと水が流れるように、欲望が流れ出て行ってしまった**のです。「あ、私のお願いなんて、欲でしかないな」と邪念《じゃねん》が消え、「それよりも、私に神様のお役に立てることがあるなら、いくらでもお手伝いします」という言葉が、口から自然とこぼれ出たのです。

我欲《がよく》が消えた瞬間は、私が私でなくなったような感覚でした。心も体も思考も、まったく別の人に入れ替わった気がして、「どうして私、こんな願いを口にしてるんだろう」と不思議でなりませんでした。

中庸《ちゅうよう》という概念があります。白か黒か、善か悪か、幸せか不幸か、二極のどちらかに偏るのではなく、シーソーのちょうど真ん中に心地よく揺れながら立って、物事を静観している状態です。

中庸にいれば、いざというときでも思考や自我に翻弄されずに、右にも左にも自由自在に動けます。これが、我欲を捨て、清らかな御霊を抱えた内在神が、自分の道を進むときの基本姿勢。顔を上げて胸を張り、地に足をつけて悠々《ゆうゆう》と立っている状態です。

自分の決められた道に、運ばれるように進んでいく状態を、「道がつく」と言います。**我を削ぎ、心身を磨き、道がつく生き方を、一生を通して追究していく。その過程を楽しむことこそ、人生の楽しみではないか。**私はそう感じています。

まとめ

いずれにも偏らない中庸の境地に立ち、自分の道を歩んでいこう。

〈著者略歴〉

中井耀香（なかい・ようか）

古神道数秘術家。和暦を使った日本人に合う開運方法を伝える。二十代より、さまざまな占いを学び、本当に効果があるかを毎日自ら実践。その結果をもとに「難を避け、運がよくなる」方法を多数発見する。また、神道の師匠とともに、日本全国数々の神社に参拝し、感得したこと、また、多くの専門書・古書を読み進めたことから、幸せを呼ぶ神社参拝、作法などについても多くの方法論を持つ。

経営者、スポーツ選手、政治家が、人生の岐路にアドバイスを求めてやってくる鑑定家としても有名で、これまで、15,000人以上の人生を幸せに導いている。公式LINE@では、最新の開運情報を無料で配信中。「@nakaiyouka」で登録可能。

著書に『神様があなたのそばにやってくる すごい「お清め」』『呪いが解けちゃう！ すごい「お清め」プレミアム』『神様にごひいきされる すごい「神社参り」』（以上、KADOKAWA）など多数。

中井耀香公式ブログ
https://ameblo.jp/youka81/

幸運の神様とつながる すごい！ 習慣

2018年1月8日　第1版第1刷発行

著　　者　中井耀香
発行者　後藤淳一
発行所　株式会社ＰＨＰ研究所
東京本部　〒135-8137　江東区豊洲5-6-52
CVS制作部　☎03-3520-9658（編集）
普及部　☎03-3520-9630（販売）
京都本部　〒601-8411　京都市南区西九条北ノ内町11
PHP INTERFACE　https://www.php.co.jp/
組　　版　有限会社エヴリ・シンク
印刷所　株式会社精興社
製本所　東京美術紙工協業組合

ISBN978-4-569-83731-4